荆楚文庫

〔光緒〕黄州府志

〔清〕佚名　纂

〔宣統〕黄州府志拾遺

〔清〕沈致堅　纂輯

荆楚文庫編纂出版委員會
武漢大學出版社

荆楚文庫

〔光緒〕黄州府志
GUANGXU HUANGZHOU FUZHI
〔宣統〕黄州府志拾遺
XUANTONG HUANGZHOU FUZHI SHIYI

圖書在版編目(CIP)數據

〔光緒〕黄州府志/〔清〕佚名纂.
〔宣統〕黄州府志拾遺/〔清〕沈致堅纂輯.
—武漢:武漢大學出版社,2021.4
ISBN 978-7-307-22003-4
Ⅰ.①光… ②宣…
Ⅱ.①佚… ②沈…
Ⅲ.黄州府—地方志—清代
Ⅳ.K296.34
中國版本圖書館 CIP 數據核字(2020)第 250271 號

責任編輯:程牧原
整體設計:范漢成　曾顯惠　思　蒙
責任校對:汪欣怡
出版發行:武漢大學出版社(中國・武漢)
地址:武昌珞珈山
電話:(027)87215822　　郵政編碼:430072
録排:武漢恒清圖文菲林輸出工作室
印刷:湖北新華印務有限公司
開本:787mm×1092mm　1/16
印張:31.25　插頁:6
版次:2021 年 4 月第 1 版　2021 年 4 月第 1 次印刷
定價:152.00 元

ISBN 978-7-307-22003-4

出版説明

湖北乃九省通衢，北學南學交會融通之地，文明昌盛，歷代文獻豐厚。守望傳統，編纂荆楚文獻，湖北淵源有自。清同治年間設立官書局，以整理鄉邦文獻爲旨趣。光緒年間張之洞督鄂後，以崇文書局推進典籍集成，湖北鄉賢身體力行之，編纂《湖北文徵》，集元明清三代湖北先哲遺作，收兩千七百餘作者文八千餘篇，洋洋六百萬言。盧氏兄弟輯録湖北先賢之作而成《湖北先正遺書》。至當代，武漢多所大學、圖書館在鄉邦典籍整理方面亦多所用力。爲傳承和弘揚優秀傳統文化，湖北省委、省政府決定編纂大型歷史文獻叢書《荆楚文庫》。

《荆楚文庫》以『搶救、保護、整理、出版』湖北文獻爲宗旨，分三編集藏。

甲、文獻編。收録歷代鄂籍人士著述，長期寓居湖北人士著述，省外人士探究湖北著述。包括傳世文獻、出土文獻和民間文獻。

乙、方志編。收録歷代省志、府縣志等。

丙、研究編。收録今人研究評述荆楚人物、史地、風物的學術著作和工具書及圖册。

文獻編、方志編録籍以一九四九年爲下限。

研究編簡體横排，文獻編繁體横排，方志編影印或點校出版。

《荆楚文庫》編纂出版委員會

二〇一五年十一月

總目録

荆楚文库

〔光緒〕黄州府志

〔清〕佚名 纂

前言

《〔光绪〕黄州府志》四十二卷，佚名纂，稿本。

邑志前有四修：弘治十四年（一五〇一）盧濬志、康熙二十四年（一六八五）蘇良嗣志、乾隆十四年（一七四九）王勍志、光緒十年（一八八四）英啟志。

是志爲殘稿本，紅格，白口，四周雙邊，單魚尾，版心有『來鶴軒藏』字樣，版式不一。現存五册：一册擬定目録、一册凡例、一册輿圖、一册黄郡濠隍水法圖考、一册懷忠祠。

該志擬分四十二卷首一卷，共十門：疆域志、建置志、賦役志、學校志、武備志、職官志、選舉志、人材志、藝文志、雜志。門目設置與光緒英啟志大體相同，僅有幾處存異：光緒英啟志『輿圖』在『疆域志』下，是志置於卷首下；是志『學校志』下多『學田』一目，『武備志』下多『昭忠』一目；光緒英啟志『人物志』一門，下有『藝術』『遷寓』二目，是志分别命名爲『人材志』『方伎』和『流寓』。

是志《凡例》落款『黄岡曾錫齡』，曾氏事迹不詳。凡例言『乾隆戊辰志……迄今一百三十七年』，即此凡例應成於光緒十一年（一八八五）左右，與光緒英啟志成書時間極爲相近。凡例提及康熙志、乾隆志、嘉慶修《湖北通志》，未提及光緒英啟志。例言所敘『舊志』特徵，雖存在少量出入，但與乾隆志幾乎一致。而是志體例與光緒英啟志大體相同，或可認爲，此凡例成文與光緒英啟志並無承接關係，而有同時撰寫、互相參考的可能。

該志輿圖所採有源於各舊府志、縣志者，圖前標注出處。新、舊輿圖後皆載相關介紹、文章等。《黄郡濠隍水法圖考》有『來鶴山人敬輯』落款，其人事迹不詳，以其版式置頂『國朝』特徵，此人應爲清人。《懷忠祠》纂修者不詳，版式置頂『皇清』，所載均爲清代事迹。縱覽全志所存内容，是志記事約止於清光緒間。

黄州府於民國元年（一九一二）撤銷，且全書未見民國相關記述。據《中國地方志聯合目録》，是志僅存孤本，藏於上海圖書館。該館標注是志年代爲『民國』，茲依《荆楚文庫·方志編》編例改爲『光緒』。本次據上海圖書館所藏孤本影印。（彭筱澂）

目録

黃州府志目錄

秩官傳

卷十六 選舉志一 科貢表進士

卷十七 選舉志二 科貢表舉人上下

卷十八 選舉志三 科貢表貢生

臣馮千歲

雜志

祥異　仙釋　寺觀　冢墓　摭聞

修黄州府志凡例

黄冈曾锡龄

凡例

一乾隆戊辰志實承康熙乙丑志損益之爲綱十曰地理
建置賦役學校職官選舉人物藝文雜志外志條目各
以類從體例亦允迄今一百三十七年咸同間兵火頻
經事蹟繁多因草拾補頗費裁酌書籍鈌如上承嘉慶
八年通志下採各屬新志旁及近今册籍名宿書記罔
不蒐輯州縣修志以後事實復憑文卷採訪續錄綱目
因之略有更易詳具於左

一首卷恭錄

聖朝綸音及歷代

誥勑尊尊之義

一輿圖悉依舊志冠首式用開方間有增易今昔異宜也

一黃郡於地理沓焉一隅守申畫之分易地理為疆域併外志於雜志而增武備志於學校次有文事必有武備之義

一舊志地理子目首列沿革表今易綱為疆域故易子目疆域為疆界次於輿圖次星野再列沿革表蓋必疆界星野定而後仰觀俯察始得沿革之真沿革去舊表而從嘉慶通志表較為詳悉易陵墓為冢墓冢墓陰藏也不宜首見移入雜志疆界方向順卦義人元之序首東

次東南次南次西南循序迄於東北而止凡山川鄉鎮里社津梁或由近及遠或由大而小大致率以是為斷

一舊志謂山川萬古不易按山自不易而川實有遷徙如老江在北岸古烏林即今團風鎮是江之故道也今則南徙矣昔江分派由鄢家水口逕王家湖磯窩湖繞赤壁兼挾東北龍王山濠隍之水注東南塔溝達下巴河以入江是河之故道也今鄢家水口壅塞沿山河道為農民侵種河身日就窄狹水漲則泛濫水退則分口以入江無復舊時之環抱拱衛矣餘如舉水倒水巴水之流派分合皆失其舊今以圖為主而以考古附注

一建置志子目易公署為官廨易祠祀為
壇廟易水利為隄防移營汛驛遞於武備志咸同間郡城三
陷建置一概無存經歷任知府先後修復規制益宏皆
賴地方樂為輸將亦見官民一時之孚契
一壇廟遵
欽定會典首列中祀次列羣祀名宦鄉賢忠義孝弟節孝四祠
雍正間
敕分建學宮內外學校有專志故四祠入之
一凡建立專祠現在未能籌修奉文銜名暫入府昭忠祠
令將專祠名目仍列祠祀後待修

一府貽忠祠嘉慶初奉旨增建以前無追祀明文今擇其確有證據者錄之嘉慶以後迄咸同間一以舊志與胡文忠公原疏清單節義錄節義紀略及奉有明文者備輯次採州縣新志惟志載間有未經分晰曾否請卹者一因省城郡城疊陷文卷燬失一以採訪補報稍遲若遂一一詳查有稽時日今遵中丞彭行文忠孝節烈已見志者仍先行釆列事竣由州縣自行清核辦理應補請　旌者歸入彙奏以免遺佚蓋倣陶文毅公撫蘇時疏請旌表常州府江甯府屬貞孝節烈婦女三千五百餘人成案造

福溥哉

一昭忠擬錄祀位既補州縣忠義志之遺漏藉備將來書立粟主序次似一舉兩善其嘉慶以前歷代死事忠義孝弟以及嘉慶迄今凡尋常殉難紳士耆民例得入忠義祠者亦照新章臚列附入學校志以歸畫一而免湮没至殉難庶民例得入祀忠義祠姓名事略輯忠義傳次

一昭忠祀位體例文武官紳士耆以官階品級為序同者再以死事先後為序已有升銜及死事後有贈銜者均以升銜官階為先後官兵勇丁依年編列

一昭忠祀位子目凡十曰文官武官曰八屬文紳武紳曰外籍文士武士曰八屬文士武士曰各營官兵曰八屬勇丁

一忠義祠祀位分忠臣義士孝子悌弟以便將來書寫栗主其生存已旌者與死事義僕附錄用備題名

一昭忠員弁兵勇有稱外府本郡各州縣陣亡者原文既未分晰無憑查考節取乆未便不錄莫非王土同一祠祀姑依原錄存之

一凡死事慘烈及親屬從殉者必附注節烈傚此凡原注有乳嬰及有傷者並注焉

一壇廟內

國祀之外，附有地方官紳自建與民建，是為外祀。義主崇

德報功，在

皇仁所不禁，故因之。如

京師有昭忠祠，嘉慶初始

敕建府昭忠祠，未言建州縣昭忠祠。今州縣於兵燹後多建之，仍備采錄，亦善善從長之意。

一賦役志以戶口首舉，建置定有土地，即有人民之肓務民之義，先籌食貨，故賦稅繼之。南糧新章改歸折色，肇自胡文忠公，民間稱便。今以時籍為主，而以舊制附之。

用備考核子目易積貯為積儲避
廟諱字旁也附鹽法一目因時制也蠲卹較前考輯詳備紀
恩澤也以仁恤之舉附焉

一學校志子目易　廟學為　學宮以祭典經籍學額附增學田書院以義學附又增試院一目風教具舉

一武備志子目易營汛以新設長江水師汛地附次曰驛遞曰硐堡曰兵事悉以類從也

一秩官子目易名宦傳為秩官傳舊例列祀名宦祠者立傳今各屬志以未請祀者亦入失其旨矣故酌易之以在祀名宦傳列前少昭區別云

一藩封傳本歷代史訂正歷朝名宦本各書籍蒐補得數
十人
一文秩官表舊志
國朝以前歷代秩官均有遺佚今黃州府表增晉戴邈何
元度桓石秀恒嗣四人宋魯方平謝稺二人梁夏侯夔
張宗之文僧明三人唐竇宏餘封踐福李俊李朓王濡
蘇易鄭孝寬孔脊言八人後周吳討瞿璋馮鄴許文楨
四人宋蹇序震楊汲薛弼三人元史弼一人黃岡縣表
增唐唐延構一人麻城增後趙麻秋一人後周史寧一
人梁吉士瞻蕭詧李洪遠三人陳田龍升陳方慶章昭

建周旻周法尚周法僧六人宋胡定之張恂李臺楊揆
四人蘄州增隋周旻胡穎史祥三人唐徐齊聃薛宏宣
薛巖宋之問杜敏鄭紳李播張舟許文楨九人後唐馮
行章一人後周李平王承儁三人後宋史嵩之孔彥周
孫惰乃猷萬丈勝譚廷美許將徐處仁王甡王霆孟珙
張大可俞尚仲彌性韋孝寬厲失名嚴剛中孫中趙良
規呂溱夏竦程渭老汪士旺陳興曹全邱下李斌趙興
裕龐籍二十九人元張好古顧士徽顏鐵木耳三人明
李賢魏良輔並同知通判各三十餘員黃梅增唐張元
素一人南唐張維彬一人宋李啟李綱蔡攄唐汝舟陳

時敘袁樽六人元也孫帖木兒一人明元仲等八人

一舊志未紀漢黃德道以在專轄故也咸豐十一年移駐漢鎮棠陰尚在今補紀之至移駐以後銜名自詳通志府志未便羅列遵體制也

一舊志

國朝列知府同知通判推官為一表今因推官缺裁只數人移列表後以舊志另表教授訓導經歷累作一表以照磨司獄人少附入經歷格

一巡檢不在同城分駐外汛黃岡四汛蘄水兩汛麻城二司黃安三鎮蘄州二鎮廣濟三鎮黃梅三鎮各增立直

表於次

一舊志蘄州職官表明下江防道知州學正訓導爲一表以知府附知州格内未宜今增知府一格以原軼同知通判附

一舊志武職得府蘇志殘本并嘉慶通志補輯數十人

一舊志武秩官表黄州協與蘄州營合表均至守備止又以蘄州營參將攙列黄州協今營制已改蘄州營隸黄州協各分一表以蘄州參將列蘄州正表前兩表均增千總把總兩格別增道士洑營一表是爲三營以符規制

一同治八年添設長江水師武秩官雖不隸黃州協營而由水汛改設江防汛地俱在郡境職司交涉故增表附後備職考焉

一舊志國朝表有下江防道康熙間裁只十人今移列姓名於表前正表則自知州起遵今制也

一選舉志子目增仕進易武選為武勳因兵燹後以勞績武勳着者多也生曰封死曰贈舊作貤封二字於義未備故易曰封贈下承有蔭有襲舊作恩蔭二字未該故易曰蔭襲是志經刑部主事曾永齡錄寄各會館題名

碑額增補數倍於前

一人物志小傳例應有改無削在乾隆以前小傳雖只數語而包括事實在内言簡而該未敢輕議至乾隆以後州縣志續輯漸濫今定新輯者儒林文苑須先察其人品何如次考其文學經濟儒林以註經爲斷核其有功何經何等著作有關名教不徒取業某入之學一語假借憑依文苑重作者著有何書見推士林不徒取數藻時藝空言譽美宦績學優入仕惠澤及人須有實在政績以已入名宦祠者列前輿論待請者附後忠烈易作忠義孝義易作孝友四項有關入祠舊志收例甚嚴悉

從審慎篤行一目以凡義行納之隱逸多在貞元遞嬗之際守箕潁夷齊之風如黄岡舊志在周之長沮桀溺楚狂接輿江上丈人宋王文甫明杜茶村王子雲諸人之傳方為真隱逸若僅止嘯林癖壑以自鳴高亦無足當盛時之彦屬志所録未盡允當内有應入别門者各以類聚斟酌移列餘悉仍舊特不加採以崇高行方伎流寓一因舊例數世同居並耆壽附孝友後以德從也

一廣濟張晏然本宋人鄉賢祀位誤列元張紹祖與黄梅劉昕均宋人傳誤列元黄梅曾皁本宋人表誤列元今俱更正鄧正暹依嘉慶通志入忠義

一孝為首行身體髮膚受之父母不敢毀傷經也然經亦有五等之孝至於庶民又未可以語上刲股一節在愚夫愚婦一時至性所激只知有親而弗知有身亦足以風薄俗故

聖朝許旌今舊志已登及新志已旌者方採錄若州縣新志載近年刲股者每處至有數十人不等未免過多幾入釋氏慧可斷臂之習甚至有割肝者事近殘毀尤宜節流故概從略焉

一列女之名仿於劉向范氏列女一篇章首皆用夫名舊志沿作某人妻某氏如鐫坊表然信如章實齋先生

云列傳既非男子之文何用先出夫名是已有失命名
之義今作某氏某人妻某女某人女文以類從
一生人例不作傳惟孝貞節烈婦女合例者得書
一舊志孝貞節烈彙載不分今人數衆多州縣志多有分
載從之以歸畫一
一列女宋以前無考至元只數人迄明至
國朝始列朝代次地名次人類標分各目曰節婦以婦德
首節舊例三十年以前守志逾二十年得請
旌又定例守節病故在六年以外者同以其從容就義也曰
烈婦慷慨赴死遇變為烈亦全節之事故次之又次曰

孝婦孝孝爲首行内則婦事舅姑如事父母其義一也附之以賢淑婦德備矣女德以貞夫一者爲貴故首貞女次烈女次孝女凡婦女之德有一即得享祀千秋因以壽母終焉

一列女編次類聚羣分每段首列傳次姓氏各有序次凡有 旌表者依年分編州縣新志載在近年而旌年實在前者仍提編舊志之列有入志本在道光以前者而旌年又在近年者仍依老志原列只添敘補旌年分若無旌年者依其身故或殉難年分編無年分者依其入志先後次第編各從其宜

一列女在乾隆閒府州縣志嘉慶通志俱係已旌以後有奉明文者列已旌有稱已獎者亦經註明由州縣查明與待旌者一律辨理

一列女有節婦殉難者州縣志每編入烈婦今於考得實者仍列節婦以節難於烈從其重者論只添敘何時殉難一語不没其節云外有節婦入孝婦入賢淑入壽婦者視此更正有貞女烈女誤入烈婦者有嘉慶以前已旌者而作未旌近年重復請旌者悉為訂正至於無可查考者始聽

一忠孝節義當兵燹後湖北男女死者以十數萬計黃居

通省之半敘為最浩博採羣籍重複錯雜每有一人疊見錄志冊略者其故由於有由地方官報者有胡文忠駐境採錄者有疏准攷由學官徑行詳報者有各親屬赴節義局開報隨時收採者此登載之重複也有初報某官銜陣亡後又查報尚有崇職者有彼此銜名互異者此呈報之錯雜也端緒紛如茲惟考數處事蹟同者歸併為一稍有異者存而不刪至名同而銜異者從其崇者錄銜同而名異者從其先者錄有列尋常殉難則從其有帶勇殉難者錄有僅稱殉難者則從其陣亡者錄如節孝內有此曰某人妻彼曰某人母或某人嫂媳

之類莫詳前後孰是孰非倫理依關無所適從惟加口
作脫字存疑待考諸如此類未敢臆訂亦有原本旁註
原重字樣者未便擿去用貽於慎此外重複仍恐不免
後有考實者於入祠時酌去之可也
一忠魂毅魄潛德幽光雖經竭力搜輯猶恐採訪未周佚
漏不少不禁爲之太息幸
朝廷新章有添設湮沒未報之忠魂與貞魂各總牌位足
以安妥
恩至渥也
一人物之次藝文爲貴舊志云雖雄偉綺麗之作苟無關

於方域人事者弗登載近世藝文者類輯詩文記序其體直如文選詩鈔而一方著述目録作者源流始末俱無稽考今更定一仿班志劉略標分部彙分經史子集四部跋其端委自勒一考二曰金石凡舊志所載詩文流傳已久者除分註各類下其詩文無類可入者以集部附之斯取有裨文獻耳至入志例取蓋棺論定現存之人雖有著作不得入志宦師過客如有佳構仍宜選輯不在此例

一雜志祥異非經常之事故入之仙釋一目亦沿俗而然緇流黄冠浮圖老子之宫唐虞三代無有也晉書藝術

傳閫以佛圖澄鳩摩什諸人遂為魏書釋老志作之備識者譏之歸之雜志庶人知風教有所重云寺觀盛起於唐陸稼書先生靈壽志不載亦崇正闢邪之義第黄郡山顛水涘每為名賢文士棲遊之所聊當古蹟存之摭聞多采有關風教事敘而不斷聊寓彰癉之微詣焉

可

一方志為一方紀掌故亦一方之史論是非不問貴賤要以義禮為主然未可方擬 國史 國史善惡併書是
朝廷彰癉之微權方志惟寓褒於記傳而已亦禮從宜之義也

一宋人方志無不著所採書名者今凡引羣書與郡縣冊籍採訪俱做註明俾後之君子有所考正焉

擇録各傳

此年入修志危言末卷

明邑侯茅瑞徵修

縣茅志圖

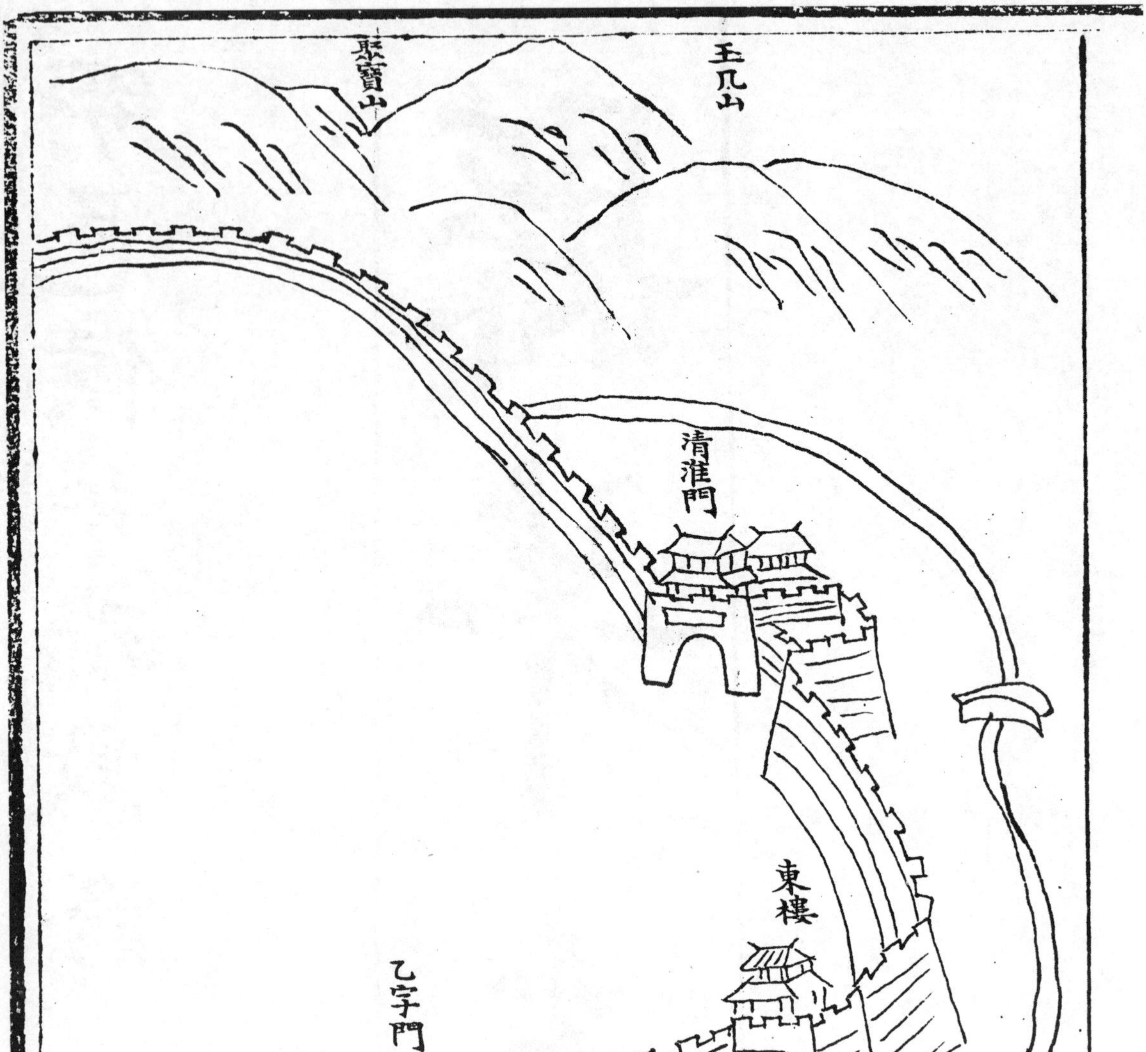
聚寶山
玉几山
清淮門
東樓
乙字門

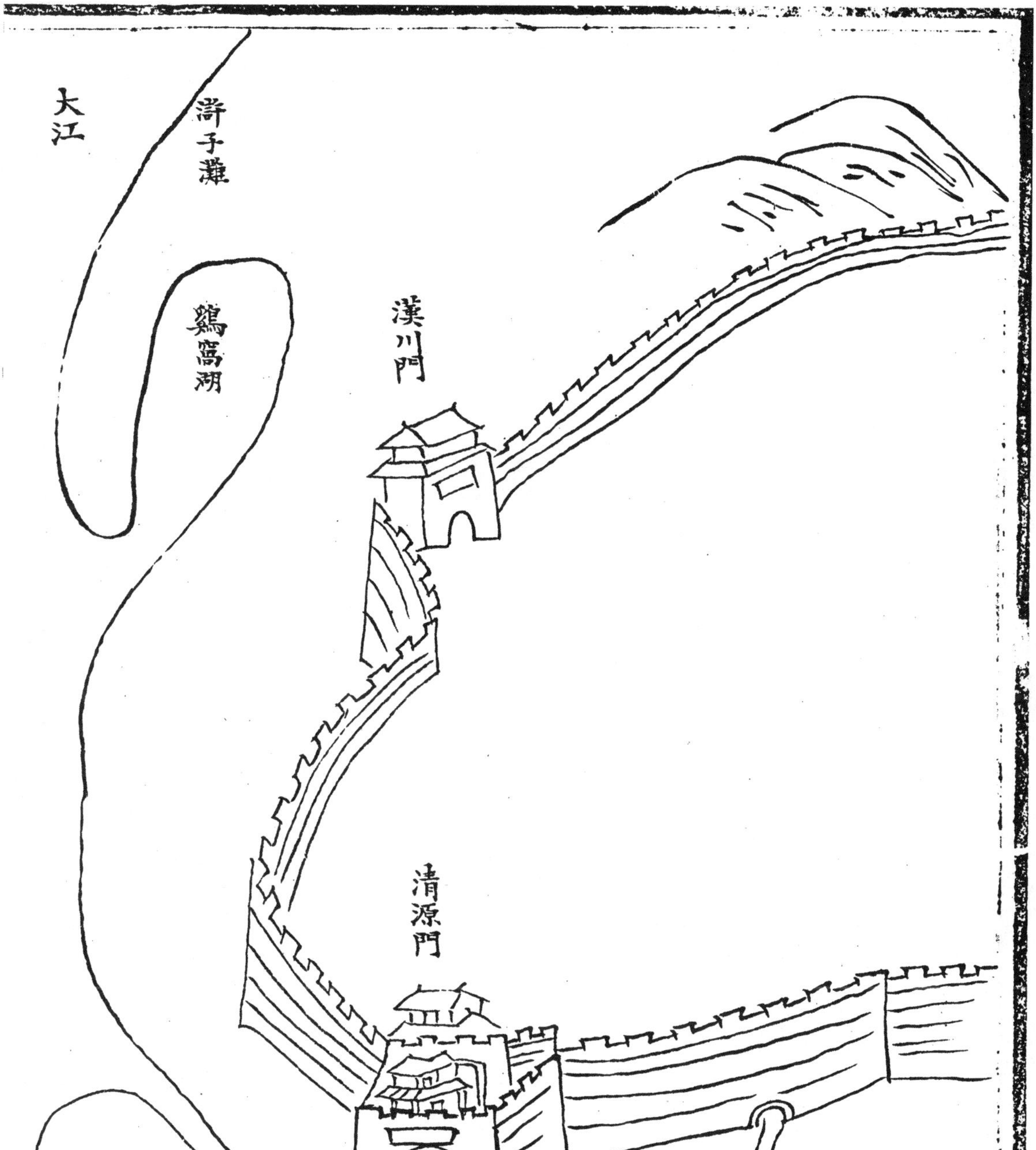
大江
滸子灘
鷄窩湖
漢川門
清源門

卷一八

▲按茅志圖附郭之水其北東自龍王山來者由清淮门而南而西過一字门遶清源门北自右轄左是為繇流其在一字门[illegible]向南者乃溢流耳詳後禹太守殷盤疏濬濠隍記

[illegible]

疏濬濠隍記

禹殿鰲

古之立國者必審其形勝以定郛域形勝者山川環繞精靈毓聚可以殷阜民物者也公劉之詩曰相其陰陽觀其流泉陰陽以便燥溼流泉以資灌溉而水利興焉矣夫水萬物所以資生流行之地聚散多少豐儉由焉在原埜者溝洫川澮以潤畎畝在城郛者濠隍遂徑以洩淤窒而形勝在是矣黃州古齊安郡其城倚山面江形勝鴻敞古所稱蛟翔鳳峙之地附郭首邑是曰黃岡人文甲天下絃誦之聲十室而五但閭閻生資不見充殖千金之家蓋寥寥焉匪獨民淳士拙不善治生而郛域之形勝清秀多而蓄積少也余承

簡命來守是邦斯年以來舉廢補偏次第就理間登城凭眺見

大江決滯。舊迅東去。於郡城略無環繞。而附郭之水。其北東自聚寶山來者。至南門下穿門外織巢橋下。直走入江。亦無回顧。而西南城下所謂濠湟者。皆平實淤塞。溝桂盡堙。正郭璞青囊經所謂水去無情。財貨不生者也。訊之耆民。皆曰古有濠。濠年久而淤。倘一疏導。引南門下之水。繞城而西。同滙於觀風橋下。決策北向。以入大江。則水法有迴繞城郭。將成形勢。余然其說。因今濠畔民居。自下穿門外至清源門下者。各濬其門前古瀆。寬必以丈。深必如之。人易為力。工亦不煩。乃民情踴躍。不匝月而告厥成功焉。雖所以愛養休息之道不枝。惟此而宣通導滯。非莫顧彼居之一端乎。今而後水派有情。地自毓秀。扶輿之順氣其六

國家之景運輻湊於民間而美利日興焉秀者樵登進之庸樸
者增居積之阜庶沃土之民富而益穀非長民者之所孚樂哉
更戒嗣後居民盡除者而委之濠中勤作者而圯其隍岸而長
此疏濬焉可也因記其事於石立之濠畔以戒居民云乾隆十
年乙丑歲夏五月日

謹按附郭之水甚壯東自聚寶山來者至南門之字門
外繞染橋下直走入江亦無回顧而西南城下所謂濠
隍者皆平實淤塞潰經年壅邑郭璞青囊經所
謂水玄無情財貨不生者也等語丁卯是水法之
壞更甚[illegible]疏濬濠濱引南門下
之水繞城西而同匯於觀風橋下從第壯向以入大江

卷之

則水法有情迴繞城郭始成形勢詳後王圖衡

方舊府志舊圖

修志圖

國朝乾隆十四年郡伯王𤣥修

府舊志圖

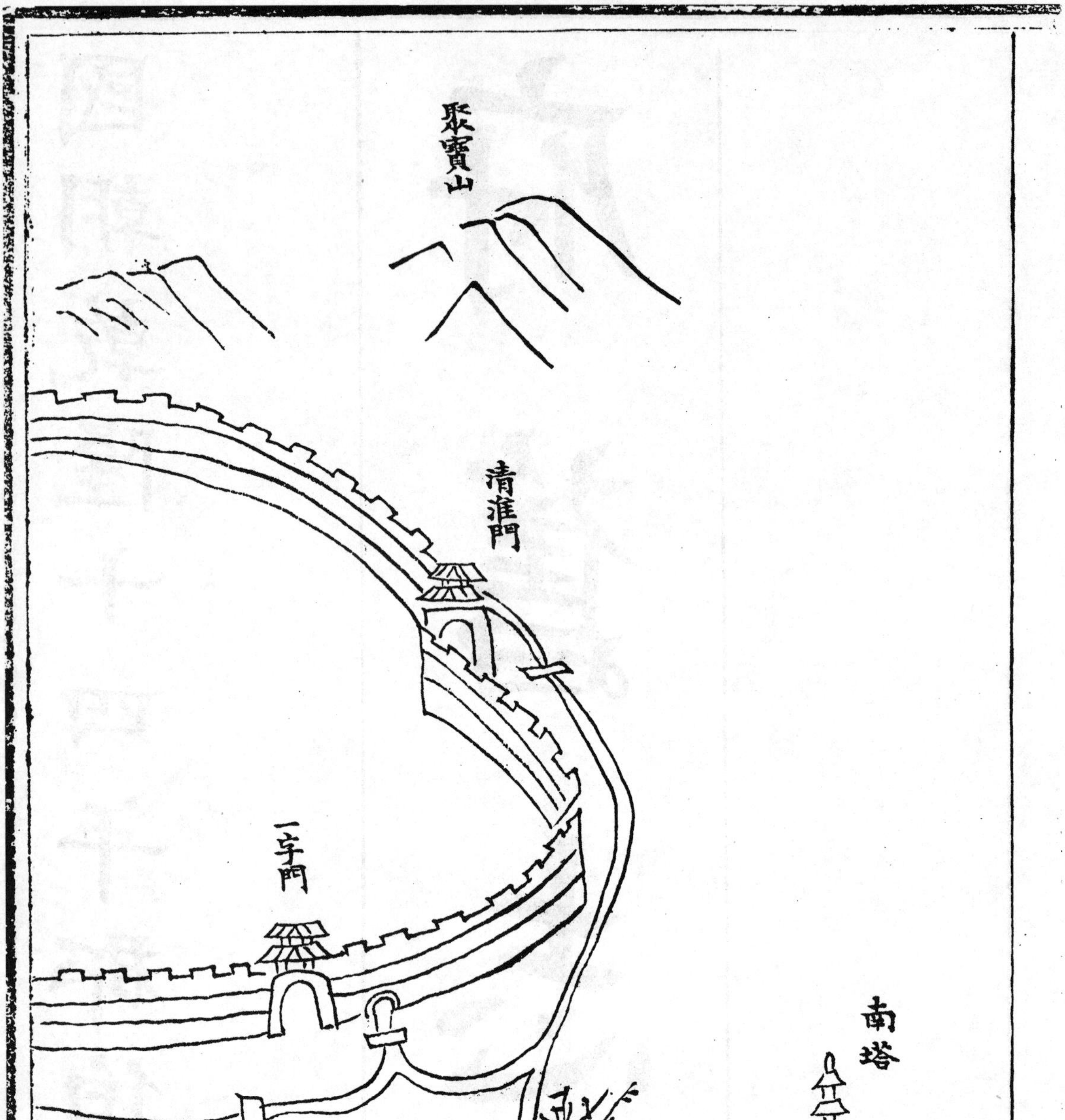
聚寶山
清淮門
一字門
南塔
織染橋

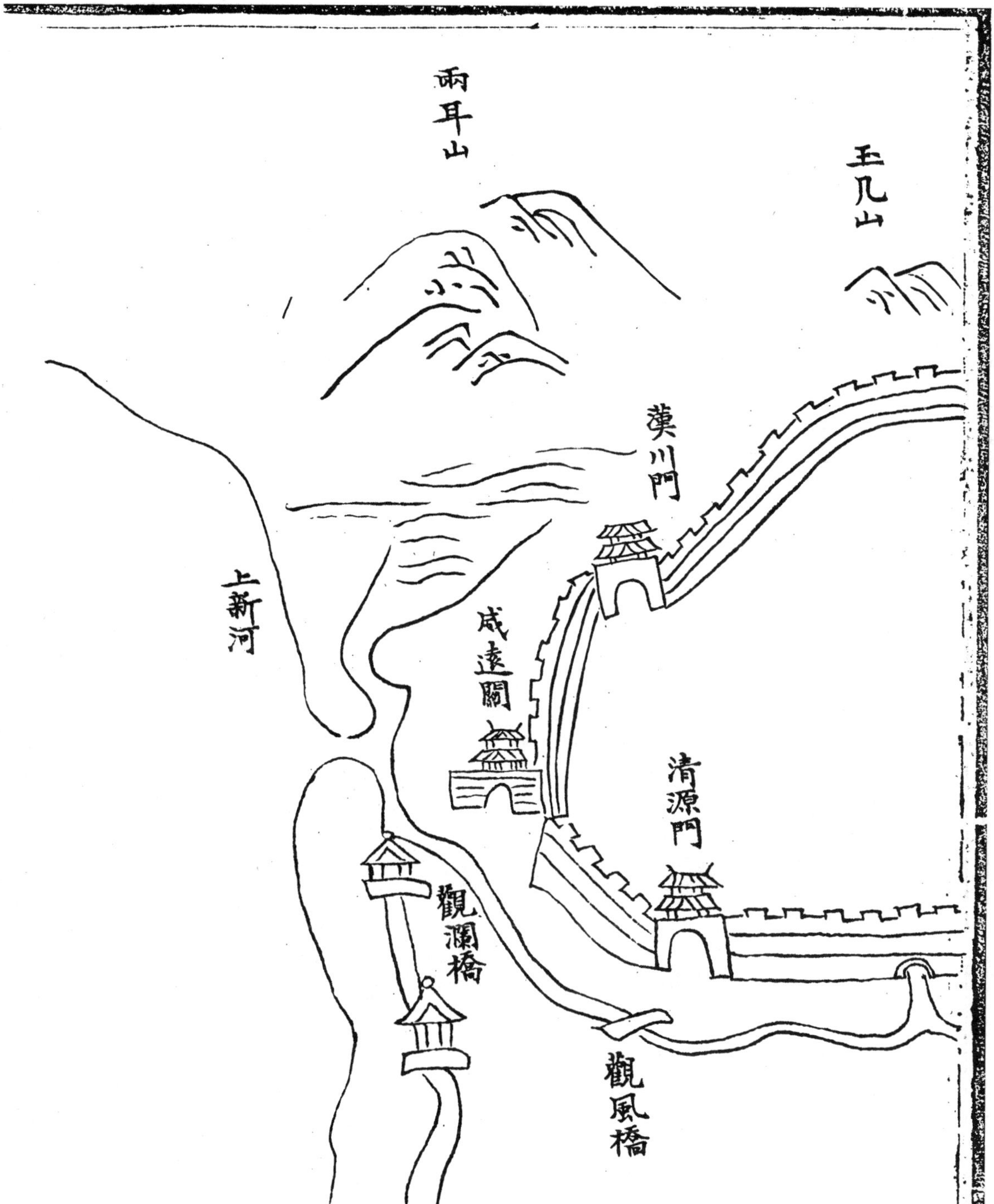
兩耳山
玉几山
漢川門
上新河
咸遠關
清源門
觀瀾橋
觀風橋
下新河

謹按禹太守疏濬記作於乾隆十年越四年

王太守修志甚圖與記若合符節其斷港流之處

畫山形蹟艇詳繪縣王志圖

國朝乾隆五十四年邑侯

陳文樞
蔡韶清
王鳳儀
修

縣王志圖

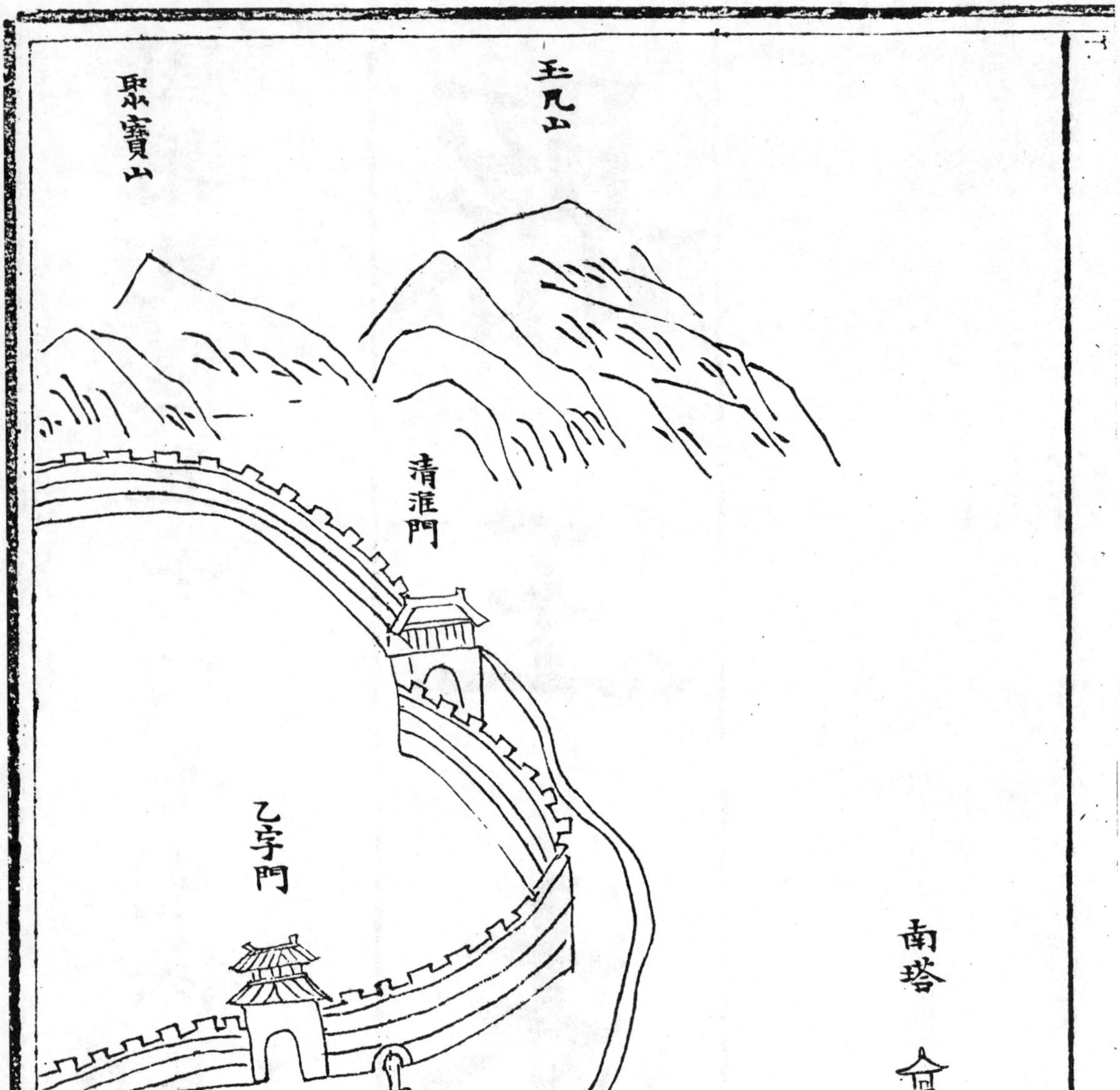
聚寶山
玉几山
清淮門
乙字門
南塔
織染橋

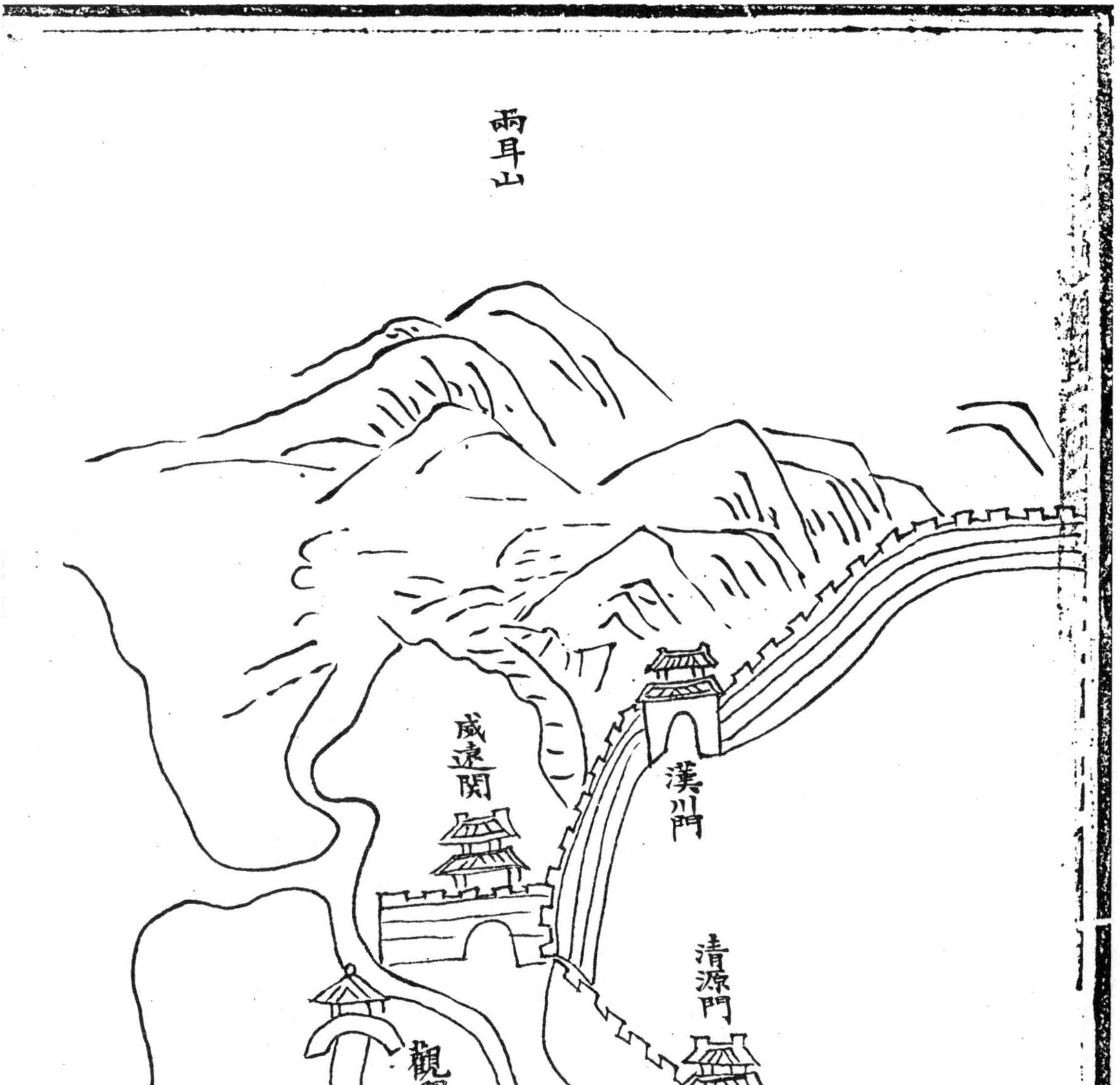
兩耳山
威遠閣
漢川門
清源門
觀瀾橋
觀風橋

節錄王志城池志原文

濠久淤塞續志曰黃城東北倚山無池可鑿險已難恃西南雖有濠溝年久湮塞竟成坦道且築室栖止而居在清淮門者人多私占墾田與爲世業未雨綢繆有心者所當區畫也乾隆十四年知府尚殷鑿開

濬左溝水自一字門遶清源門出觀瀾橋

節錄王志津梁志原文

延壽橋在一字門外乾隆八年知府尚殷鑿知縣邵豐鍭濬濠建碑其上

來遠橋明盛時機織染坊多在此亦名織染橋在一字門外濠帝廟左原文

鐘樓圖說修於乾隆五十四年距府王志修時四十年水淹尚未多壞嚴後漸失其初詳核各文

勸諭捐輸疏復水道南塔引

吳之勷淦厓

形家之說與術地理之訓本乎經閱屬附郭據崎山孿水之之雄挹夏澳龍脚之勝前代每臻殷富

國初兼盛科名園氣運之鼎新實形勝所漸致乃自康熙而後士鮮大魁民無巨富凡登仕版經廿錦衣之歸稍有田廬於非素封之舊家道則起落無見子弟亦淑慝並生種種不宜合邑共慮所以然者。三臺北下之龍。楓香抵而中斷。丁字西流之水。織染達而南飛。水勢破重湖宛轉不順其流青雲塔上級嶙峭未有其半風水已多變遷富貴焉能常久察地之理者謂人之情身體以血脈為精神都邑以山川為血脈血脈之氣弗貫未有身體不受其傷者山川之氣弗通未有都邑不蒙其害者

邑之休咎顯而易見本府自下車巡視不勝瞿然此間李廿寧
曾議修復於前汪舊令因而勸輸於後其時城鄉善士捐金有
差等而未竟已十數年矣若者歲豐人和邑之士民有志斯役矣
公先慎實事實心相度患出於官經理不由乎吏識合邑快心
之務得以復元氣而去沉疴者也惟事煩費重難於周知其仰
賴於捐輸者雖少亦不遺實多之為美非數千金不敷至金最
少需數千金庶有志之竟成而衆擎乃易舉首事額請剴切勸
輸本府守土於斯與有責焉除城南隍渠楓香龍脈現就存金
贊亭興作外所有疏浚東北水道修建橋梁以及增補南塔層
級所需銀兩既多且急爰舉其未敷告邑人首領莫存畏事之
心望邑人勉勵急公之義趁此農隙重解囊金彼此勸成踴躍踐

事出有緣之力奏無量之功畀者業焉溯者通焉使閩屬出水磅礴蜿蜒瀠環縈繞雖銀盃盞注富若李倫丞帶金魚貴如叔則其移形家者原不可信而以質之山澤通氣之說陰陽流衍之觀其必有裨益當時利及後嗣者氣脈聚而衣食豐山川靈而人材出安見不超軼於前而永振自今也本府亦惟寄屬鴻邸猥而考核之獎勵之立案勸石與鄉人士相附於不朽爾

已與引

勸修安國寺塔及疏濬城河文

李鈞簡

黄州自宋刺史王元之副使蘇子瞻謫於土竹樓記赤壁二賦流傳至今將千年海內人士未發書者不膾炙斯篇以神往其地者蓋江山勝蹟地以人傳急而察會昕日清風憂景常

新而文章不朽宜乎人之低徊不置至今古蹟遺基有関於土氣之盛衰民生之利弊如將為之興廢舉墜以培其本而固其脈其無亡修濬以垂諸久遠者又何多也郡城之南安國寺有南塔者名標文峯塔即昔之青雲塔也自前明神宗時創始迄三十餘年而壞其上五層飛入卯湖是塔為武昌漢陽諸郡上游作鎮又為本郡之文星起峯詳具於當時晏考功泰徵序中今邑志僅載其文而核之鍾事經營者已不可考郡城之水自城外出者明水三自城内出者暗水四皆控衛環曲自右轉左匯於塔前又由塔溝逶迤星湖以達之江是其形勝之相為表裏固自然而不可易者塔之說余少時聞柳先輩之言甚習數十年来衆議圖不同然因循少成事今則城之湍激者直

而衝。水之順流者匯而氾。古人稱晨時之形見文魁綫矣詩曰崧
高維嶽生甫及申此所峯之挺拔峻起者必有靈秀鍾毓之驗
也又曰相其陰陽觀其流泉此所以佳奠厥居必審于順逆向背
之理也形家之言近於郴城理之訓來守徵豈不彰明較著哉
於是塔之賓增高水之賓利導。邑人士咸有志於斯役嘉慶庚
午夏余將以服闋赴都道郴城因得謁郡伊齋觀察與淮屋郡
伯汪潔亭邑侯而為之請皆慨然應曰斯舉也固籌之久矣將
先定其規模而後從事俾銘一言以為之引且為濫觴郡勸當是
時陵使君政和民理公暇諮詢方大有造於郴郡而邑之人士
又各竭其忱輸其力鼓舞踴躍而稽命焉豈非事之與舉有時
而謀而合莫之然而然歟異時者塔之巍巍聳然而出於霄漢

流之汩之遏之而匯於溝渠經始於某年月日落成某年月日
相與歌頌於功後較之前賢當不僅登臨覽觀之樂為可言也
鈞不敏猶得援筆而記之

謹按吳引李文碑在嘉慶二十四年李王邑侯
修志時已垂四十年水路遂大壞得二公疏挽
救而水路以通吳引曰字而流之水繞樂康而南
飛李文自郡城之水自城外出者明水三自城內出者暗
水四皆搭衛環曲自右轉左匯於塔前又由塔濠達
罷星湖以注之江是其形勝之根而表裏固自然〔水之源流者違而已等〕
而無之易者又云今則水之壞流者直而衝各要語〔本體一形〕〔互相發明〕
皆翻發明禹記之旨詳後俞邑侯[illegible]圖說

國朝道光二十九年邑侯俞昌烈修

縣俞志圖

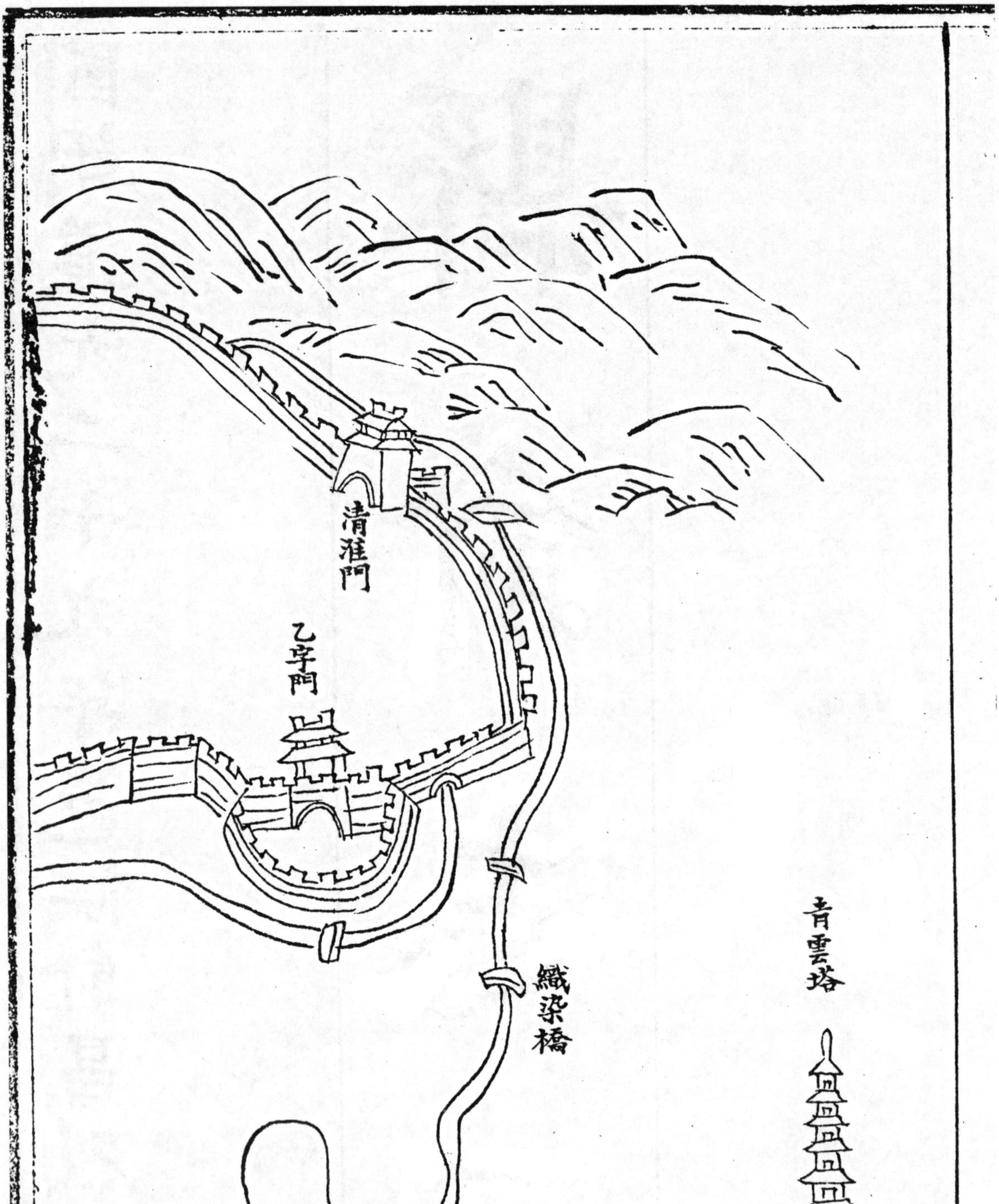
清淮門
乙字門
織染橋
青雲塔
太平橋

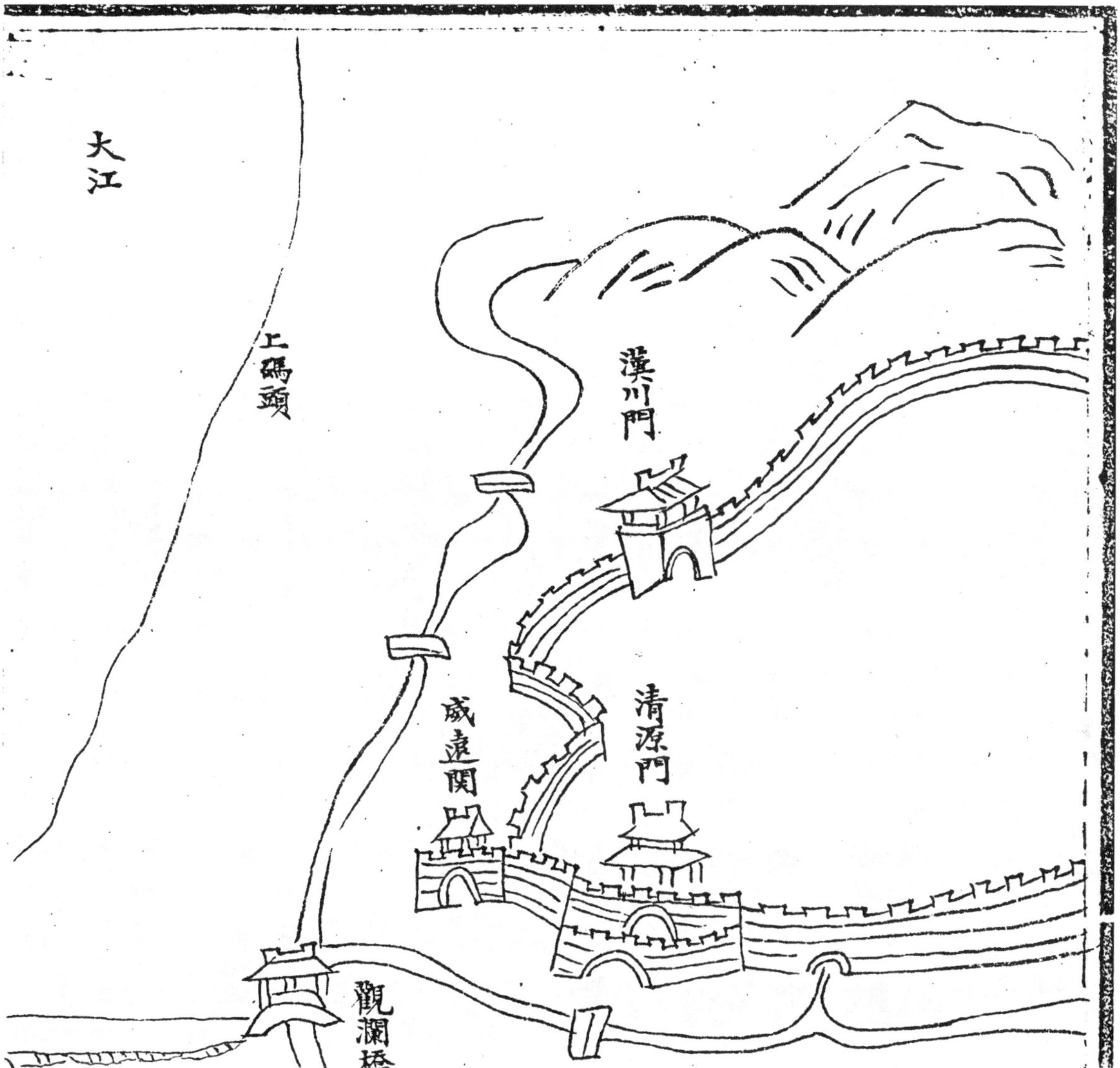
大江
上碼頭
漢川門
威遠閣
清源門
觀瀾橋
中碼頭
下碼頭
金花橋

（王錫）黃岡縣俞志城池志原文

按舊志黃郡城東北倚山無池可鑿險已難恃西南舊有濠溝年久湮塞竟成堤道且民居櫛比在清淮門者多私佔墾田築為世業本府續繆急宜區畫云乾隆十年知府禹殿鰲知縣鄧豐鎮疏濬湟渠歸清淮門外古濠水會一字門外水西繞清源門出觀瀾橋形家所謂上堂水也年久復塞嘉慶四年知縣張其霖十三年知縣汪慕鍾先後疏濬二十三年知府吳之勷知縣蔣祥墀倡築鄉梁橋深濬濠溝挾南去之水西流入濠以循故道道光十一年邑士吳先煜等捐城外東來之水南去當城內南出之水西流已決為吳郡守疏濬之舊又被城南附近蓄田者利其灌溉捐城內之水南去舊濠廿丈所衝刷漸就淤塞

道光二十七年署知縣金雲门疏濬濠并修培兩岸三百餘丈於合流之處厚築橫堤分城外之水出衛梁橋城内之水出觀瀾橋大雨時行可免淤滯特二分水流於形勝究有未合且附近居民任意掘挖潦則壅其入濠旱則私其灌溉培植地方者倘力後為異三鄉守之舊否惟城濠有所沖刷或亦風水之一助云

全縣俞志 津梁志原文

延壽橋 一字门外乾隆八年知府攬毅知縣鄧豐鑲濬濠建亭其上嘉慶二十四年知府呂之勳知縣蔣??築衛

梁橋跨水歸濠 濬改建石橋

來遠橋 一字门外関帝廟左明時楊御梁坊步夯在此建橋後原呼衛梁橋嘉慶二十四年毀遂後城東南水入濠繞城西流與濠水合道光十一年吳先照等捐重建石橋

山 舊按俞志後修志時水法大壞未及挽救蓋亦

氣數使然耳自此三十四年來菑害並至絕
以兵戎遺擾者郡縣數萬計居逋者三分之一圖不
書繫於法乃適在政治敝壞之後良用慨然
獨幸諸公正論昭垂繼往訓開來學之一方
猶亞自泰信而有徵詳後黃太守國俊序記
明……人

擬黃子山郡伯疏濬城濠圖

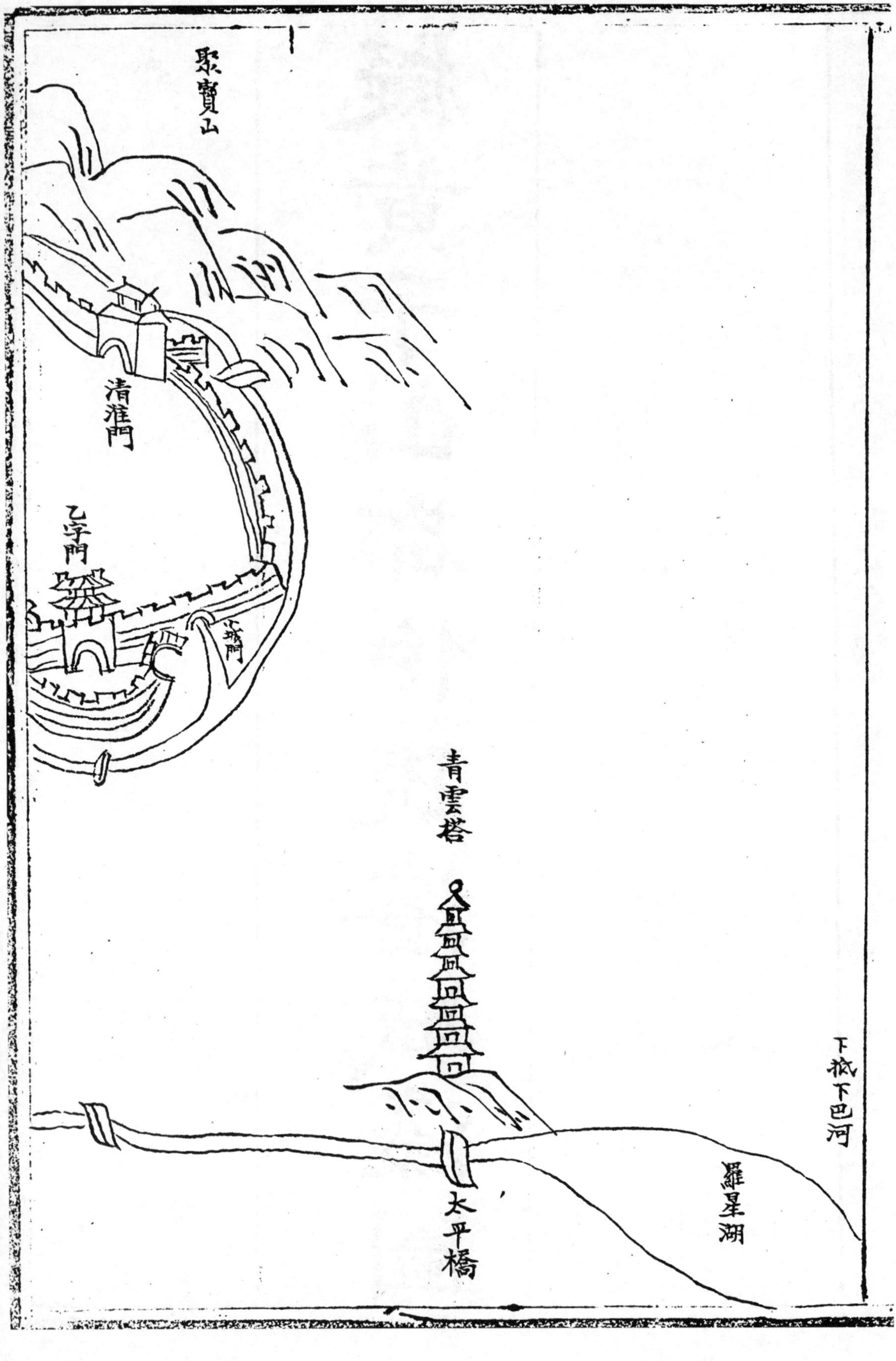

聚寶山
清淮門
乙字門
小東門
青雲塔
太平橋
羅星湖
下抵下巴河

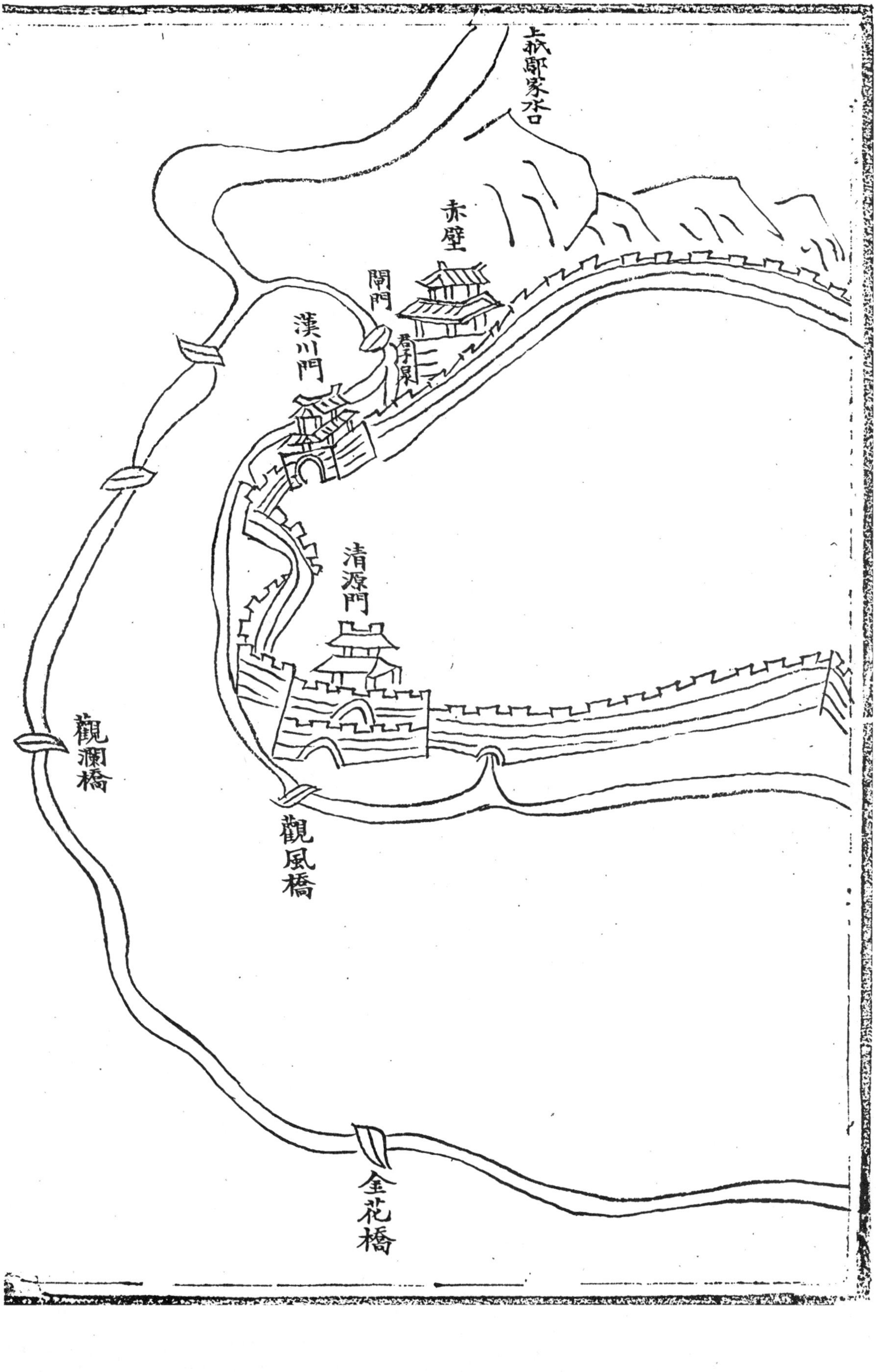
上抵邵家水口
赤壁
閘門
漢川門
君子泉
清源門
觀瀾橋
觀風橋
金花橋

重修黄州府城碑記

國朝 黃篤燾 子山

黄郡介江淮間宋元無城郡略有垣壁聊為藩籬舊址在今城南二里許明初始築城今處咸豐用兵以來城凡四陷自就傾圮余以辛酉冬蒞郡時甫收復城中無半椽完屋漸次安集乃得八百餘戶而生計未裕善後事宜無從著手又每歲冬賊至幸值春夏秋時內湖有水外江舟師可以駛入摧賊乙丑冬湖涸捻逆由麻城將至徑趨近郭予與士民登陴以守歷三月而賊退乃知此城宜亟修也按城舊為門四東曰清淮南曰丁字西曰清源北曰漢川周一千二百九十四丈二尺今皆增修高踰舊城或五六尺或七八尺或丈有奇城上皆石修馬道寬五尺至七八尺有差東西北三隅有咸豐間所掘地道十二巨穴

各深數丈寬數丈或千餘丈城日下陷浩之律拆修清淮一字
清源三門月城各建樓三間漢川門舊有樓亦加葺治城北大
士閣上築大礮臺一座倚鋪城外龍王至几諸山一字門右爲
培風亭左有奎星閣廢址今將亭加葺閣亦重建鋪築大礮臺
此外又修小礮臺十二座又督匠於城垛已壞者拆補於是
垣墉堅固樓櫓巽如以丙寅五月興之十一月告成用錢八千
六百五千五串有奇是役也初因城防經費有餘又曾收集守
具若干數萬緣謀補修乃傾圮過甚之程愈大使非黃岡士紳
續有捐金修府學又撙節有餘可以分濟則集費匪難非士人
捐引援據龍王至九諸山及北城女葉局一帶胸壘塞石百六
十餘萬可值七萬緣錯則無論無收購石巨資其建費之費亦

亦難且賤之而勢非數月可蕆又非官紳數十人同心協力杜
盡靈浮竟至半年之久無從城工一杯水者亦難雖以八千數
百串之費迅速成此鉅工而予心有未盡者城下積土尚多若得
劃平城腳有為兩水齧蝕處者必運土培固費絀而予又卸篆不
能議此是所望於後之守土者矣城外濠水舊從東北龍王山
來城內積潦之水亦出於濠道光間為邑紳掘水南去而附城
蓄田者利濠灌溉復任意挖掘濠遂就堙予力役濬龍王山之
水由東而南而西又於赤壁下放入江而為閘以限其流盡
塞從前外洩之道四時有水環城如帶惟濠隄尚須培築赤壁
閘今歲大江為江濤衝損亦須修補後之人以時治之是亦設
險之一助也

劉公按黃太守當戰定大亂之後應運而來興革廢
墜修城之後專精著於城外濠水疏濬龍王山之
水曲東而南而西又北至赤壁下始入江而為閘以限
其流盡塞溝前外泄之道四時有水環城如帶俞
志府堤力後尚其之公之舊者滑太守而集
其大民願功詎不偉哉文為鐵案不刊後人寶之
府守矣

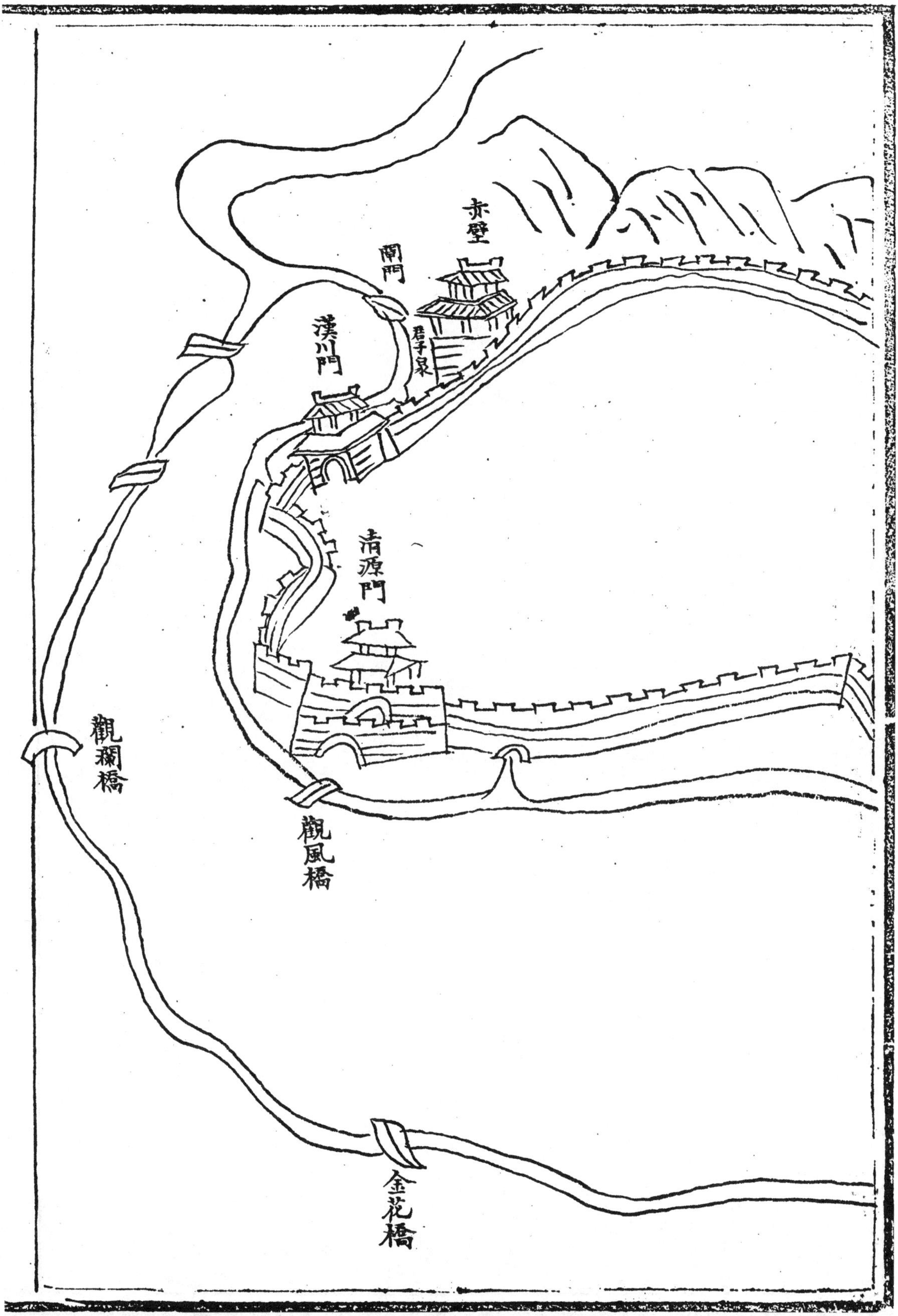
赤壁
南門
君子泉
漢川門
清源門
觀瀾橋
觀風橋
金花橋

謹案今圖云者紀其實也以非黃太守疏濬濠

隍之舊太守[redacted]能至小河水由東而南[redacted]

[redacted]北[redacted]至赤壁[redacted]今

則所云於滯矣太守畫塞外也云云者已今[redacted]

[redacted]之指向南北矣[redacted]計其三[redacted]

太守設險規畫相度故此圖別以今云[redacted]

稟愈[redacted]

查

目今實在水法圖

濠湟道

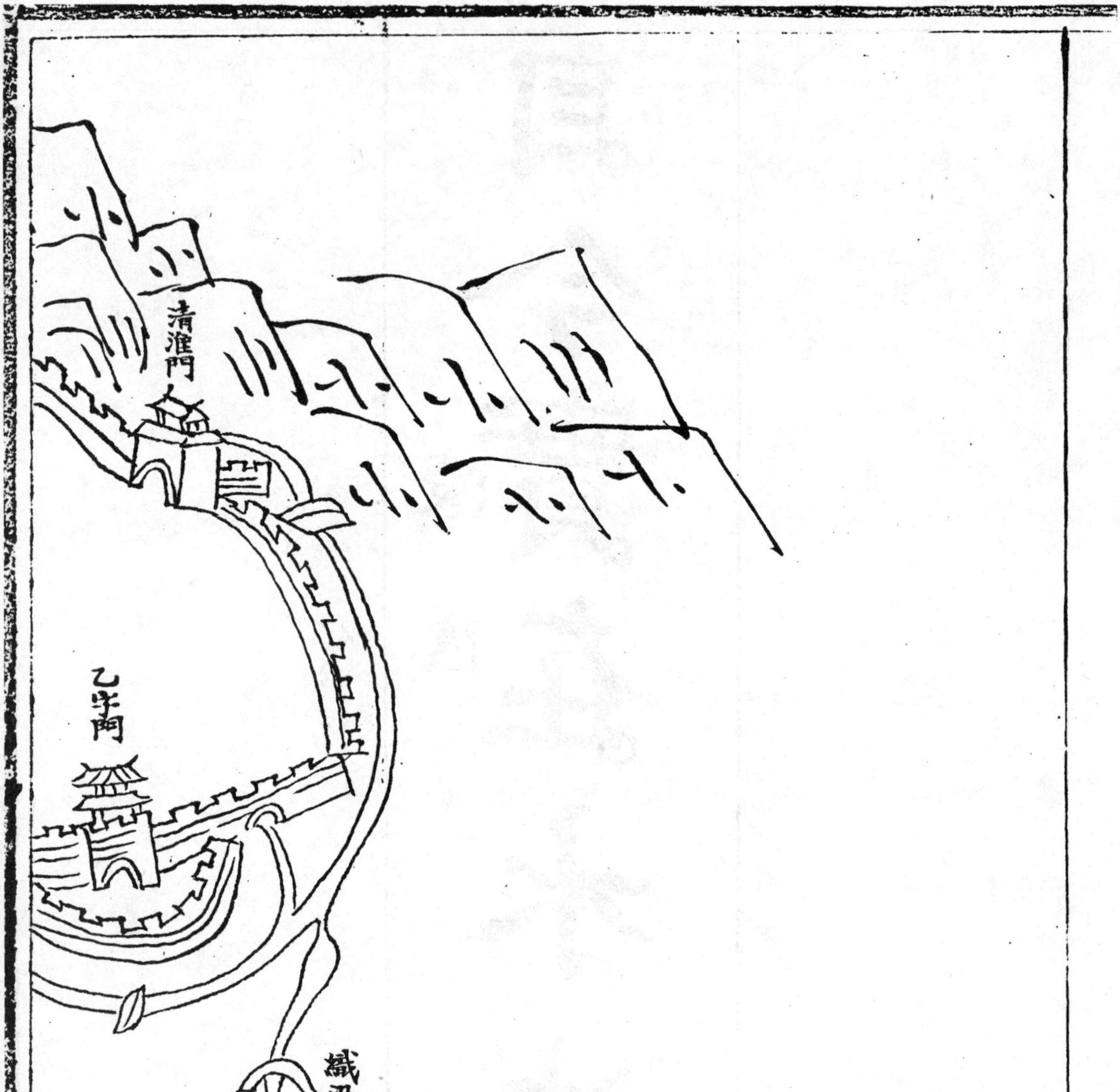

清淮門
乙字門
織染橋
太平橋

縣新志圖

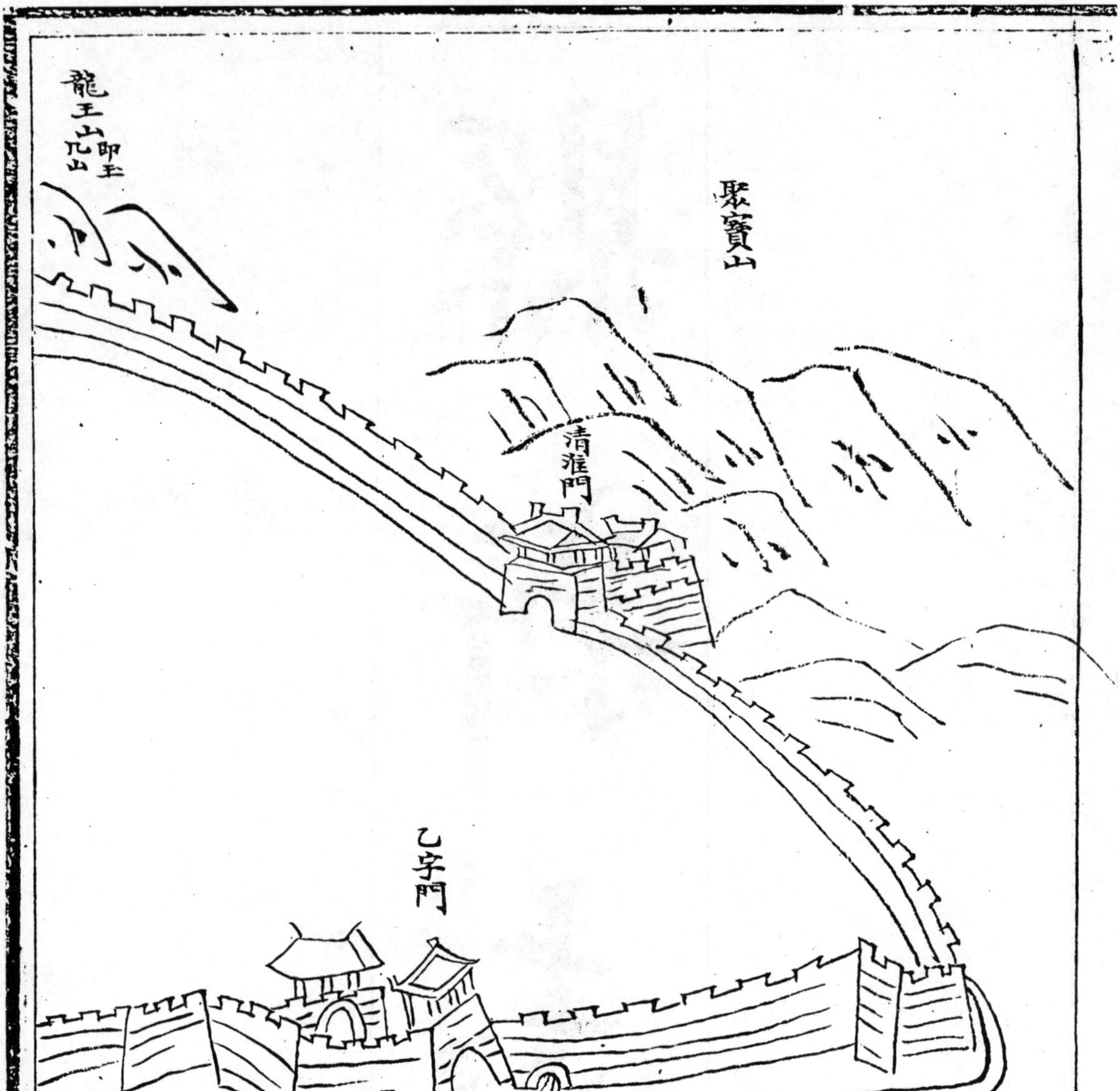
龍王山
即玉几山
聚寶山
清淮門
乙字門
松竹橋
織染橋
合山橋
金花橋
太平橋

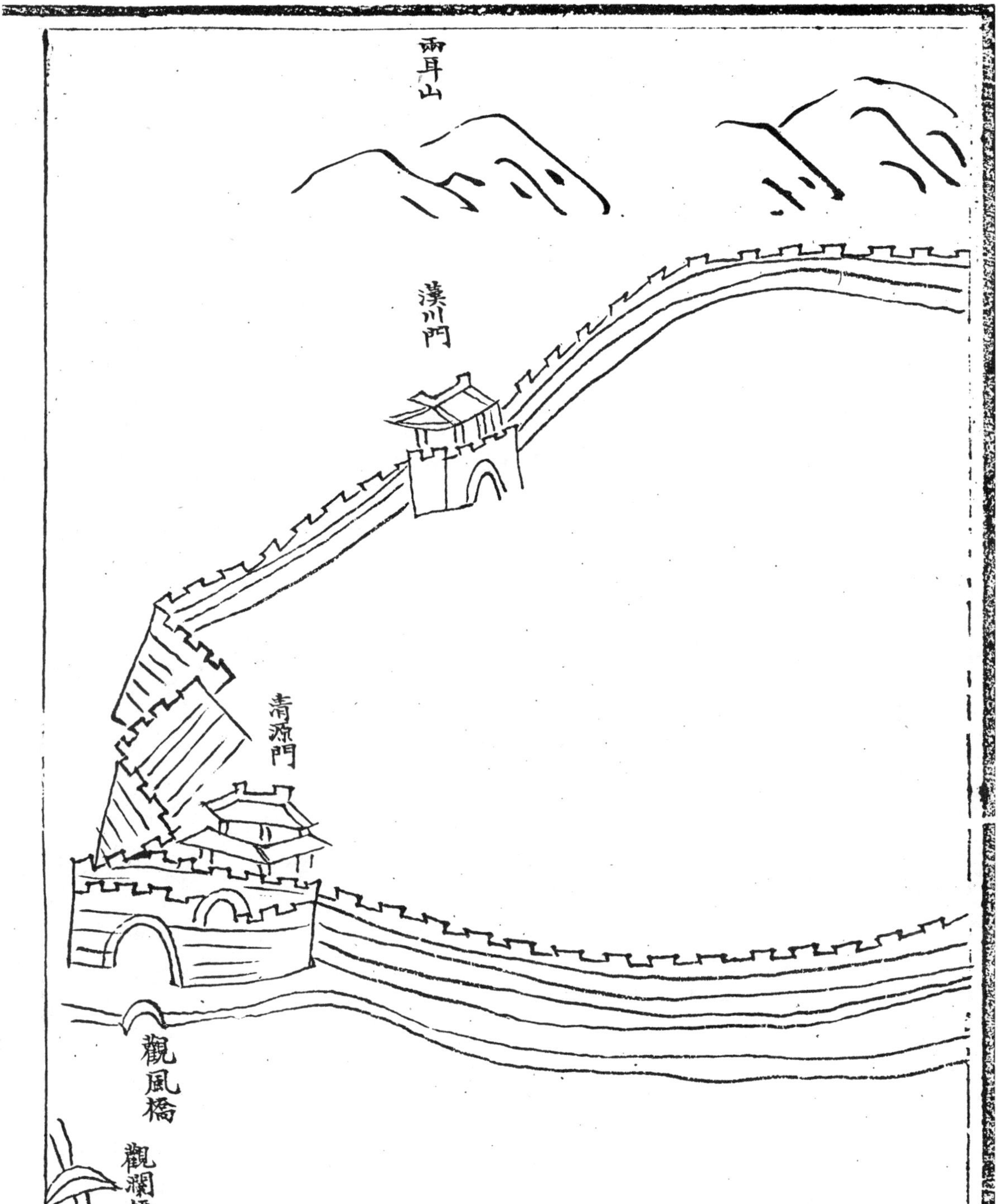
兩耳山
漢川門
青源門
觀風橋
觀瀾橋
榆木橋

縣新志城池

本年城内副榜廖志圭拔貢杜承勳耆民涂厚焜歐陽學濂孝廉方正歐陽璸試用訓導黄際寅廩生石耀春汪春澍生員陶鍾何登雲黄啟焜李樹滋馬錫蕃楊鴻鈞楊汝翼吴道南李鳳藻職員黄引其曾秉鈞龍炳章方伯清胡澤涯監生陳文藻龍瑞樟民人趙啟賢黄引咸等公禀為恪遵成規請示遵循事郡城自明初展築今寬倚山面河金湯甲於諸郡一時水利津梁釐然大備數百年來士庶簪纓民登康阜良以茲城之形勝為郡邑之頭顱本實賓安枝葉校馬邑茂非虛語也雖形家之言近於術而地理之訓本乎經查郡城以聚寶山為内屏以黄岡山為外案隱龍之水東北由聚寶山下達清淮門城濠旋折穿

作
硬[illegible]此建城濬水
之原規[illegible]
[illegible]夫不引歷代沿
襲而將術士不著
歷代修濬之意而
舉地理書[illegible]
由明迄　國朝修道
循故道無異語
有何據證
禹紀云引南門下
之水達城而西詳
於觀風橋[illegible]
於南以及大江[illegible]
門下之水以[illegible]濬
[illegible]西吉[illegible]吉
[illegible]之水今易作

織染橋纏繞黄岡山入洗馬池西北由雨耳山穿觀瀾橋南下金花橋左右會合環拱郡城此建城濬水之原規為明劉青田手定銘載地理大全由明迄　國朝増修故道無異康熙間前後鍾於城西闢挖新河使西北之水旁洩入江觀瀾金花橋邊城之水道日見淤塞以致内室之水亦致由新河旁洩凡邑境之科第名門頓形消乏此科名不利之一證也乾隆十年前太守禹疏濬隍渠引一字門城内之水繞濠而西詳考禹紀並無引清淮門之水會合繞城出觀瀾橋之説嘉慶十五年前太守吳謙修南塔並濬城濠邑先輩李鈞簡有記内載郡城之水自城外出者有三由塔溝達羅星湖注江府謂明水三者一郡西北雨耳山之水由赤壁穿觀瀾橋一郡聚寶山之水繞城

引一字門撥開之水
是圖原文有誤合
其說為分流之計
撥取正明水之者自是
言其來源者之非言
其上委者之如答
聚寶山之水沖刷城濠
合而為一則當明水三
無刑濠濠之水同室
一得築橋無委而上者
而當為之則當明水
並不待而之矣
合襟之字圖說
圖志昭然四字應改
吳公築堤以後橫

東出鐵梁橋皆繞准於塔前為合襟圖志昭然是吳公議濬之
水一一皆循故道惜未之又而從來為道者實無倡築鐵梁橋
挽聚寶山之水沖刷城濠之說如謂築橋挽水合一字門之水
而流入濠則當吳公時城外之明水僅一湖又云三里築橋之
舉又在吳公去任之後何得妄議前賢然一築後而隨龍之水
沖破內堂無論出仕宦達凡隸縣屬者皆爲衣錦徧於其鄉邑
境之顛連疲厄更難枚舉考之記載歷歷不爽道光十一年邑
士吳先熙等同繫情愴始於疏濬如舊二十七年前侯金於一
字門外出水之處厚築橫堤東北之水出鐵梁橋始無滲漏可
侵矣金公之精堪輿並稽諸府志之處深繫興利志不繼書自
時厥後相仍無改惟二十八年修志誤內深載於前築橋挽水

禹吳[illegible]郡守明文
非建城濠水之原
規等

此三十載中淤塞
何及

今言水宜內南引
者誤將其用以
[illegible]

之說託以禹吳二公之名至實先照等之揆故道金公之築隄
防梘加既詞並不敘明建城濟水之原規致使歷朝遵循無異
之良法至此漸沒其真及諸冠諂黃城濠舊蹟撤毀無存殊好
事者莫不執前前志添註之說以為衡而不知其要無以求劍
也夫前志之添註者謂之不諳地理其失小謂之執拗而不知
詢謀顢頇而不考厥害其失大雖在當日不過託之空言並無
擅改水道實蹟而傳訛沿誤垂三十載矣光緒初邑人士等據
修桃竹橋舊蹟加築金公原隄曹家畈土人周田佑溝政水沿隄
橋仄任意將隄岸掘斷則引水出衛堡橋泄由塗則閉缺由
堤泊橋入濠沖刷是以數百年肇造之金湯億萬姓生靈之根
本無論殘破毀傷洎借曹家畈數畝之田含啟閉不求破除從

自邑舊水故道遺害
無窮今但存其
輯古名於設想矣
以概其餘之寔
舉其年□見
名賢著述經營
之□□朝而譏
□□□患□矣

前諸喙將來之廢墜遺害有不堪設想者矣生等再四籌維不
忍使規漸沒用是歷考舊文旁稽圖志商之耆舊參言先容理
合公懇憲臺俯念附郭水道為一邑關係首基明示遵辨以垂
定案而宰民規實為德便云云　批前已督同該紳士等遵之
詳勘接其章內所論水法相符准移局入志
謹按水利志圖則沿俞志論水法敝壞之形實因諸水法敝
壞之說總之以一字曰流之水為非以鄉染南流為
是以水之環流者為非以水之□衡者為是頗似其是非
美歷代名賢剴切詳明之圖遂下筆而變亂之論者
謂會文義甚失小□稽往名賢甚失大□為太守
之記志頗也則□詞以救之□是太守之引志申則

遜辭以略之覽李少宰之文太詳也則節其要而以傅會覽俞邑侯之槩太畧也則加以貶詞而支離最忌黄太守之記太確也則隱而不言前後摭拾空言

才英太守啟修府志詞意前情證正據陳圖將廖熏稟刪去其實議

以備記中引李文備輯城池志下並黃太守修城碑記補入而水法此往

管見論

夫風水之說近於術地理之訓本乎經吳太守李少宰一再言之旨哉斯語昔者王公設險以守其國高深城池原為保聚生民起見初非為風水計也自形家之說興易流於私而不本於公故智者弗道若論夫地信有理可察焉公劉之詩曰相其陰陽觀其流泉相陰陽者辨向背之理也觀流泉者辨

圖湯流救之
破堤

序

順逆之理也體國經野之謀[illegible]取則河圖在
地五方曰五行北方壬癸水於卦為坎東方甲乙木
於卦為震南方丙丁火於卦為離西方庚辛金於卦
為兌[illegible]卦為坤寄居西南[illegible]今
龍王山北方天一之水由東而南而西乃順河圖自然
相生之序又西方金為[illegible]水長
生是水回顧父母本生之方然後會合西北順流之
水東趨是為[illegible]右轉左會為流泉之順而所謂順
理則裕之義是也若東北之水由一字門破堤南飛
是為洩氣不惟毫無回顧水去無情亦且犯此水克
火之病南方於行於卦並主文明炎上今以水直衝

君子業矣

埂

分水築堰

本生之方
陰陽流泉之

不欺

克之其於文明炎上何如又午為胎方為一城生發之氣今以水直衝克之其於胎息生發何如易之大德曰生水火不相射今以水射火矣豈其不應爲逆何以為水法譬之人身氣血不歸榮衛安得不失口而欲吐衄之證在所難免若更築埂欲濬為二非易象曰城復於隍其命亂也之占乎道光間分水築埂以後亂離三十餘年雖洞大數亦適有相徵然況以天一之水使不回顧父母根本之方而能其真之叛克識且無是地有無陰陽此陰陽在泉之背逆所謂從欲惟危之氣是也儻不信則不可以自信不欺者祇此河圖陰陽五行八卦之理見於經傳者不容

若設險守國之而為言何

豈非

紺獃也生同鄉井休戚與共況非一身一家之事何

有一己一人之見習之甚是願採納焉言之有未願

揭出端救藥之苦心原有好勝之競心本無高明

家自合鄉井甚

正焉 [illegible]

黄州府疏河道议

周凯芸皋

黄州一重镇也，府治属县，隶州一县七，自县而府而道，居之，一副将镇之，官其民物殷阜，市廛繁盛。余下车之始，见山川清远，城郭完好，人民秀美，心颇乐之。既而环视城中，街衢湫隘，缭楼颓唐，市无珍异，无宿储，民隶于兵者半，隶于官者半，士多寒素，绝少富商大户，廉得四乡属邑，而起落不常，心窃异之。乃询耆绅，而得其故。佥曰：河道不疏故也。黄冈旧有河，自西北郢家冲口引大江之流，入王家湖，经窝湖，出观渊桥南，入诸港，东南归罗星湖，由下巴河仍入于江，绕城为带，俗呼五常河，为形家言者所称。当时郡属富盛，甲科赫奕，大艑小艇，舳舻泊城下。自郢家水口塞，仅资湖水，其流遂微，河亦遂失，其壁陂地陆地，商旅不通，富家大姓离于持久。嘉庆丁丑，太守吴之勤曾疏之，工未半，遽去，事遂已吳公以疏濬湖之水出楓香橋有積沙淤塞之而觀瀾橋以下未及通暢夏秋湖水泛溢居民私開溝洫二道以洩水水斜出於江而又河而河愈塞其故道猶存也余曰誠如是是官斯者之責也乃尋故道究其源委父老具其利弊者白余曰自河之塞不利可數江水不入湖水不蓄旱潦無以資灌溉舟楫不通商旅不至貨財無以為利歉江環如帶邑相為雄失其形勝累千餘年之富家今且如懸磬矣連歲核第之科甲今寥寥數人矣西通為害民官公私凡稅父母為患係於此河之通塞也要速去其淤此黃之人所痛惜者也然而民有患非官不除民有其力非官不率復河之舊觀甚已有各私其私惟官釐而所患雖萬難費官錢富家大族惟官勸焉一城之利一郡之觀易於集成難於圖始惟官倡焉民之樂於齊一者實賴賢有所見惟同所志或異惟官擇焉余曰誠如是是官斯土者之所宜急也歸而稽之志載

按之圖說，倚作書告勸諭斯民，遠年擲稽來漢上，未及年行丁太
淑人憂去官，於是黃之薦紳父老暨諸宗弟於吾母之前且言
曰：使君之志亦未及行也，願書其事以貽後人。余昏眊罔知所云，聞
斯言哉，且愧縮泗淚之下，因能不見教，僅就所知而書其略。按志環
城舊有河也，郡家水口由引江入河之要地，爲郡居上游，宜深濬者
五六里，面寬若干丈，底寬若干丈，深若干丈，使達於湖，爲費輕鉅。
湖水無源，易於消涸，非引於江水，不足以濟舟楫。至家湖疏窖湖
之間，尤爲易家，塘宜寬深若干丈，爲力尚易。至截湖橋河道疏挖（自湖以下）
宜寬深若干丈，爲力尚易。諸港之河僅存一線，宜倍其深廣，以當宣
洩之路。自羅墨湖達於巴河，未有河道疏濬之計，長若干里，需金
錢一萬有奇。宣塘塞者拓開，溝路之道，使水不得壅，常出宣堤。諸者廣
集資費，以支所用，使之不致於擾。俟作爲田者清釐之，不至者懲儆
之；宜加寬廣而非侵佔者，勸令割助之。修湖之民，按畝出夫，以供畚

捐富家大姓將言曉諭例載疏濬道捐銀三百兩以上次第獎勵
給匾額頂戴可以申請為勸之宜自下而上毋壅滯毋畏難毋避怨
毋見小利毋任私人庶幾一勞永逸而為黃州一大利也舜曰引又河
恐秋水汎溢淹沒民田則告之曰不疏河則秋汎淤洫洋無涘也惟冬
潦宜時其疏濬或借民積為業奪之恐不便則告之曰糧有款可稽利百
倍一兩取償倍母自貽悔夫猶會之遷移非人力所能強而因時制宜
亦有望者矣為之謀吾知官斯土者必有憫斯民計利弊而與吾有
同心者抑聞黃之薦紳父老有力之家共相協贊道光七年十一月記
有謂利不什不議興害不什不議革是可起大役動大衆於吾言
以待相時與之舉動以審不然此事孰擔夫於邊而開之皆知其然也
望於後之相時而動哉聞常謂浮屠氏日擊目無患替吏志修一
佛未必不成而況官其土聽乎其言而者畏難苟安之心謂之何志

石壁故也此非僕之空言也前守袁陽明時修築土堤移建橋梁平治道路修城垣開水利設義學其費動以萬計實臣倫將恐後望袁陽之民猶於新手以往所識之有道也今人施修佛寺不惜鉅萬而導以利弊輕重手而不要於善必況亦其利弊輕重矣因循遷就而猶為趨避之說自此其間當時於民手關心得失恐乎此又非僕之所為議論以為善也督大府守丞禄而於民事漠不相關以畏難苟安之心處之且指條異日安知後之人不又畏難苟安如所者手惜之而嚴之於時苟假之以時事未必不行利未必不興弊未必不除黃之人當無怪於患陽其於新未必不什倍於袁陽循之是所言指存其論此而可行者如所言而不要畏難苟安者爾其為實事而為有心者勸也

黃之人所不願為者有之。富商大戶錙銖是計，罔知遠大，將以若所言為，使其佔為田畝者私其所入，尚且自利，據所說以為解，而為害者數不盡。此皆可自信者也。又記。

浙江之南山東直隸

國家以遼東北大海環其三面江河以外為水師宗要事之目以之籌餉餉則千里猶在戶庭以之籌遷遷則百貨萃諸廛市匯獨魚鹽蜃蛤足以業貿民能艄水手足以安游眾也有事之時以之籌調發則百粵之旅可集三韓以之籌餉儲則七省之儲可通之水匪特巡洋緝盜有必設之防用兵出奇有必爭之道也況稱

國家建都於燕津沽實為要鎮自海上用兵以來泰西各國火輪兵船直達天津藩籬竟成虛設星馳飈舉孰足當之自洋船准載北貨行銷各口北地貨價騰貴江浙大商以海船為業者往北置貨價本愈增比及回南費重行遲不

能減價以敵洋商日久銷耗愈甚不能虧折貲本寢至歇業者衆濱海之區四民中商居什之六七然此閩廣蕭條稅釐減色富商變為窮人游手驅為人役要延海艦掠於月前江浙海運向有全船之患而漕政益難措手是非設局急造精船不為功況前中外臣工屢議僱買代造而未敢輕議設局製造者一則船廠擇地之難也一則輪船材料購覓之難也一則外國師匠延請之難也一則籌集巨款之難也一則中國之人不習管駕船隻仍須雇用洋人之難也一則輪船既成燃煤薪工需費不貲月需支給又時須修造之難也一則非常之舉謗議易興創辦之人任事之人

旁叙等一人奉收重咸公私均害之難也有此數輩毋怪執咎無人不敢一紓籌策以掏公家之急臣愚以為欲防海之害而收其利非整頓水師不可欲整理水師非設局監造輪船不可蓋西巧而中國不必安於拙也泰西有而中國不能傲以無也雖善作者不必其善成而善因者究易於善創如慮船廠擇地之難則福建海口羅星塔一帶開槽浚渠水清土實為粵浙江蘇所無臣在浙時所聞洋人之論如此昨回福州參以眾論亦稱相同是船廠固有其地也如慮機器購覓之難則先購機器一具鉅細畢備覓雇西洋師匠與之偕來以機器製造機器積微成鉅化一為百機器

防備成一船機器即成一船成一船即練一船之兵比及五年成船稍多可以布置沿海各省遙衛津沽由此更添機器觸類旁通凡製造鎗炮炸彈鑄錢治水有適民生日用者均可次第為之惟事屬創始中國無能赴各國購覓之人且機器良楛亦難驟辨仍須託洋人購覓寬給其值但求其良則亦非不可得也如慮外國師匠要約之難則先立條約定其薪水到廠後由局挑選內地各項匠作少壯明白者隨同學習其性慧夙有巧思者無論官紳士庶一併入局講習拔其尤者隨時更補至洋師匠盡心教藝者總辦洋員薪水全給如靳不傳授者罰扣薪水似亦易有把握如慮著

集巨款之難。秋間兩議海防借款既完，則此款應可劃項支應，不
至別措取贖稅釐之又。臣曾函商浙江撫臣，請飭部籌撥廣東藩
臣籌議，均以此為必不容緩，亟速集巨款，以救其成。計造船廠
購機器、募師匠經費三十餘萬兩，以一年計之，需費六十餘萬兩。
創始兩年成船少，需費極多；造之四五年，則工匠熟而速成船多，
需費亦漸減。通計五年所費不過三百餘萬兩。五年之中，
國家捐此數百萬之入，合計見多而見少，似尚未為難也。如蒙
俞允，以後中國各人皆作船主，看船管事諸事均須雇用洋人，則
定議之初，即先延行船教習，造船即兼教習管駕，船成即令隨同

出洋周歷各海口並諭兵弁各色人等有講習精通能爲船主者即給予武職千把都守由虛銜洊補實職俾領水師人材固不可勝用矣且臣訪聞浙江寧波一帶現亦有粗知管駕輪船之人如選調入局船或即令其管駕似得力更速也如慮煤炭薪工按月支給所費不貲及修造爲難之費則以新造輪船運漕而以雇沙船之價給之漕務畢則聽受商雇募取其值以爲修造之費海疆有警專聽調遣隨時所在絡繹奔赴分攻合剿剋期可至大抵水師宜專用住船操練俾其服習風濤長其精力涉其閱歷然後可備爲緩急之需近觀海口各國所駐兵船每月操演數次儼臨大

敵遇有盜船即須躡蹤攔擊以試其能否以防其惡習拔近於外
且船機樓器械不用則朽鈍惟實時加淬礪則晶瑩若新船
成之後不妨裝載商貨藉以捕盜而護商並可習勞而集費以歲
修經費無從別籌也此非常之舉謗議易興始則憂其無成繼則
議其多費或更譏其失體皆意中必有之事然臣愚竊有說焉防
海必用海船海船不敵輪船之靈捷西洋各國與俄羅斯咪利堅
數十年來講求輪船之制互相師法製作日精東洋日本始購輪
船拆式仿造未成近乃遣人赴英吉利習其文字究其象數為
仿製輪船張本不數年後東洋輪船亦必有成獨中國囿於積習

務繁與未願議及然前次有代造之舉現復奉
諭購雇輪船然皆未為自局彼此同以大海為利彼有所挾制禍
參之譬由渡河人操舟而我借筏譬猶使人騎駿而我騎驢可
乎抑是人也聰明睿知相近其性而所習不能無殊中國之睿知
運於虛外國之聰明寄於實中國以義理為本藝事為末外國以
藝事為重義理為輕彼此各是其是兩不相喻指歸善可耳謂
執藝事者舍其精講義理者也遺其粗不可也謂我之長不如外
國導其先可謂我之長不如外國擅其能不可也此乎強之枝葉
者也我創造輪船所預處難成而自沮然則治河者實合強之途

期阿羅番築治軍北寔歲報之年日阿羅相倘手如寔靡費之多
別自前道光十九年以來所靡之費已難數計若因之輪船終所
費亦多將得節矣今修輪船正所以歛節異時之費而為實濟乎
天下事皆有所挾並經心有所並輪船成則漕政興軍政舉商民之
困紓海關之稅旺一時之費數世之利也縱令所制不及各國之
工究之慰情勝無倉卒較有所恃且由鈍而巧由粗而精尚可期
諸異日孰如羨魚而無網也計浙閩粵東三省通力合作五年之
久所費數百萬尚非力所難能臣謹存持國家公同致慎中外而
安危計並以中國仿製輪船或將失時則尤不能年年靖禊失而成

陸野自古已然，所以銃炮言之，中國古無範金爲砲施放藥彈之
製，所謂砲者，以車發石而已。至明中葉始有佛郎機之名，
國初始有紅衣大將軍之名，當時得其國之器，即假以其國之名。
謂佛郎機，即法蘭西音之轉；謂紅衣者，即紅夷音之轉，蓋指紅毛
也。近時洋鎗開花砲等器之製，中國仿洋式製造亦能之。砲可
仿製，船非獨不可仿製乎？安在其爲失辭也。自道光十九年海上
事起，凡廣東以來史傳別錄說部及　國朝志乘載記官私各
書，有瀛海國誌等書，於海防猶及之，粗述梗概，大約皆輪兵船之製，
不過近數十年事，於前無徵也。前在杭州時，嘗覓匠仿造小輪船

[illegible]

船樣料具，試之西湖，駛行不速。以示洋將德克碑、稅務司日意格，
據云大致不差，惟輪機須從西洋購覓，乃臻捷便。因出法國輪船
圖冊相示，並請代為監造，以西法傳之中土。適發逆竄漳州，臣入
閩督剿，未暇及也。嗣德克碑歸國，繪具圖式船廠圖冊，並將購覓
輪機、招延洋匠各事宜逐款開載，由日意格齎送漳州行營。德克
碑於來漳，如約樣具。臣因赴粵東督剿，未暇定議。德克碑赴暹
羅，屬日意格候信。從此往返，備諸激浮多款。日意格聞臣由粵凱
旋，擬來閩商行一切。臣因擬俟其來閩商定後，再具摺詳陳請
旨。因日意格尚未前來，適奉購覓輪機，實所應先將擬造輪船緣由具陳。伏乞
聖鑒。

黃郡濠隍水法圖考

丕篤于成

黃郡濠隍水法圖考

來鶴山人敬輯

明茅志圖

按附郭之水其北東自聚寶山來者由清淮門外而南而西過一字門外遶清源門觀風橋而北自右轉左是為濠隍幹流其在一字門外向南旁泄者乃溢流耳非水法之正詳後禹太守殿鼇疏濬濠隍記又載府縣志

禹太守殿鼇疏濬濠隍記府王志英志俱載不備錄

按附郭之水其北東自聚寶山來者至南關一字門外織染橋下直走入江亦無回顧而西南城下所謂濠隍

來鶴軒藏

者皆平實淤塞溝徑盡堙正郭璞青囊經所謂水去無情財貨不生者也等語一節是水法之壞較茅志圖淤塞顯然太守因疏濬古濠瀆引南門之下水繞城而西同滙於觀風橋下次第北向以入大江則水法有情廻繞城郭始成形勢方合茅志舊圖詳後王太守勷志圖

國朝乾隆十四年王太守勷志圖

按禹太守疏濬濠隍記作於乾隆十年越四年王太守修志其圖與記若合符節至破隄向南溢流之處画止形迹較然詳後縣志圖

乾隆五十四年邑侯陳文樞蔡韶清王鳳儀修縣志圖

王志城池志原文

濠久淤塞續志曰黄城東北倚山無池可鑿險已難恃西南舊有濠溝年久堙塞竟成坦道且築實櫛比而居在清苑門者人多私占墾田幾為世業未雨綢繆有心者所當區畫也

乾隆十四年知府禹殿鼇開濬古溝水自一字門繞清源門出觀瀾橋

延壽橋在一字門外乾隆八年知府禹殿鼇知縣邵豐鍭濬濠建碑其上

按原文修於乾隆五十四年距府王志修時四十年水法尚未大壞厥後漸失其初詳後各文

吳太守之勤勸諭捐輸疏復水道南塔引文載府縣志不備録

李少宰鈞簡勸修安國寺塔及疏濬城河文載府縣志不備錄

按李文吳引均在嘉慶二十四年去王邑侯修志時垂四十年水法遂大壞得二公挽救而水法一正李文曰郡城之水自城外出者明水三自城内出者暗水四皆拱衛環曲自右轉左滙於塔前又由塔溝達羅星湖以注之江是其形勝之相為表裏固自然而無可易者又云今則水之環者直而衝水之順流者逆而氾吳引曰三臺北下之龍楓香掘而中斷一字西流之水織染建而南飛各等語皆本禹太守所記之旨互相發明詳後俞邑侯昌烈圖說

道光二十九年俞邑侯修城池志原文載俞志不備録

津梁志原文載俞志不備録

按俞邑侯修志時水法大壞志載分明未及挽救蓋亦氣數使然自此三十年來菑害並至繼以兵戎遭刼者郡以數萬計居通省三分之一固不盡於一郡之水法乃適在水法敝壞之後良用慨然幸諸公正論昭垂繼往訓開來學為一方轉丕為泰信而有徵詳後黃太守記

黃太守益炁重修黃州府城碑記文載府英志不備録

按黃太守丁戡定大亂之後應運而來興舉廢墜修城

之後專精著於城外濠水疏濬龍王山來之水由東而南而西又北至赤壁下始入江而為牐以限其流盡塞從前外泄之道四時有水環城如帶俞志所冀力復禹吳二公之舊者得太守而集其大成厥功詎不偉哉

令濠隍水道圖

謹按今圖云者紀其實也以非黃太守疏濬濠隍之舊太守原濬龍王山之水由東而南而西又北至赤壁下始入江今則節節淤塞矣太守盡塞從前外泄之道今則塞道又掘向南飛矣一隅為計甚工其如與太守設險規畫相違何故此圖別以今云查縣戴志圖與稟愈

異

光緒七年戴邑侯昌言修志圖城池志載城內副榜廖志圭等原稟

按縣戴志圖沿俞志論水法敝壞之形稟矯水法敝壞之說總之以一字西流之水為非以織染南飛之水為是以水之環流者為非以水之直衝者為是以行（吉）澅瀆為非以築埂斷濠為是顛倒是非並將歷代名（賢）剴切詳明之圖志一舉而變亂之論誤會文義其失小論矯誣名賢其咎大覺禹太守之記太顯也則詖辭以蔽之覺李少宰之文太詳也則節其要句以傳會覺吳太守之

引太申也則遯辭以略覺俞邑侯之案太斷也則加以貶詞而支離最忌黄太守之記太確也則隱而不言前後摭拾空言以成其説十年英太守啟修府志洞悉改正濠隍圖將廖稟刪去以禹記李文吴引備輯城志下並黄太守修城碑記補入而水以正

管見論

夫形家之言近於術地理之訓本乎經李少宰吴太守一再申之旨哉斯語昔者王公設險以守其國高城深池原為保聚生民起見初非為風水計也自形家之説興易流於私而不出於公故智者弗道若論夫地信有

理可察焉公劉之詩曰相其陰陽觀其流水[泉]相陰陽者辨向背之理也觀流泉者辨順逆之理也從來體國經野之謀取則河圖在地五方曰五行北方壬癸水於卦為坎東方甲乙木於卦為震南方丙丁火於卦為離中央戊己土於卦為坤艮寄居東北西南西方庚辛金於卦為兌乾令龍王山北方天一之水由東而南而西乃順河圖相生自然之序又西方申金為水長生是水回顧父母本生之方然後合西北順流之水東趨是為拱衛環曲自右轉左滙於塔前此陰陽流泉之順向所謂順理則裕之義是也若北來之水至南闕一字門外破

隄南飛是為溢流洩氣不惟毫無回顧水去無情且犯以水克火之病南方於行於卦並主文明炎上令水直衝克之其於文明炎上何如又午為胎方為一城生發之氣令水直衝克之其於胎息生發何如此不待智者而知也易之大德曰生水火不相射令以水射火何以為水法譬之人身氣血不歸榮衛安得不矢口而出吐亟之證在所難免若更築埂斷濠為二於設險守國之初義謂何非易象曰城復於隍其命亂也之占乎道光間築硬分流以後亂離三十年雖關大數豈非適有明徵歟況以天一之水不使回顧父母根本之方而聽其

克洩此陰陽流泉之背逆所謂從欲推危之義是也僕不信形家言所自信不欺者只此河圖陰陽五行八卦之理見於經傳者不容纖黙也生同鄉井休戚與共既非一身一家之事何有一己一人之見救弊之苦心原有好勝之競心本無高明正焉合郡幸甚

不爲千歲

列傳車雍

懷忠祠

中正室

皇清贈兵部尚書都察院右都御史湖廣總督謚文節吳公文鎔之神位公字甄甫江蘇儀徵人嘉慶己卯進士

皇清欽差大臣湖北提督霍欽巴圖魯謚忠武向公榮之神位公字欣然四川大甯人行伍

皇清贈兵部侍郎安徽巡撫前湖北按察使霍隆武巴圖魯謚忠烈江公忠源之神位公號岷樵湖南新甯人道光丁酉拔貢舉人

皇清贈將軍湖南提督喀屯巴圖魯謚忠武塔公齊布之神位公號智亭滿洲鑲黃旗伊陵阿佐領下人

馬千歲

皇清贈巡撫布政使銜浙江甯紹台道葉普鏗額巴圖魯謚忠節羅公澤南之神位公號羅山湖南湘鄉人生員

皇清贈總督欽差帮辦安徽軍務巡撫銜浙江布政使摯勇巴圖魯謚忠武李公續賓之神位公號迪菴湖南湘鄉人

皇清太子少保晉太子太保世襲騎都尉頭品頂戴湖北巡撫贈總督謚文忠胡公林翼之神位公字詠芝湖南益陽人道光乙未舉人丙申進士翰林院編修同治三年江甯克復奉旨加恩賞給一等輕車都尉世職

左正室

皇清贈湖北布政使司布政使梁公星源之神位公字陝西岐山

縣舉人

皇清贈湖北按察使司按察使瑞公元之神位
公字榮甫滿洲鑲黃旗人

公子延本附祀

皇清贈侍郎光祿寺卿提督湖北學政謚文介馮公培元之
神位
公號小亭浙江仁和縣人道光甲辰進士

皇清署湖北按察使漢黃德道王公壽同之神位
公字子蘭江蘇高郵
州人道光甲辰進士
公子恩晉附祀

皇清原任禮部右侍郎署湖北巡撫提督湖北學政青公麐
之神位
公字墨卿滿洲正白旗人道光辛丑進士

皇清湖北布政使司布政使岳公興阿之神位
滿洲正藍旗人生員

皇清誥贈資政大夫布政使銜署湖北按察使湖北督糧道

謚忠愍李公卿穀之神位（公字紅樵河南光州人道光壬午舉人）

皇清贈兵部侍郎都察院右副都御史湖北巡撫謚文節陶

公恩培之神位（公字問雲浙江會稽人道光乙未進士）

皇清護理湖北按察使兼署督糧道武昌府知府多公山之

神位（公字雲舫滿洲鑲藍旗人道光甲午舉人）

皇清署安徽巡撫安徽布政使前湖北按察使珠爾阿巴

圖魯謚武愍李公孟羣之神位（公字鶴人河南光州人道光閒進士）

皇清贈按察使銜加贈太常寺卿銜湖北補用道孫公守信

之神位 公號篠石湖南長沙人

皇清贈提督河南北鎮總兵官謚剛節常公祿之神位

皇清贈提督湖北鄖陽鎮總兵官謚壯節王公錦繡之神位

皇清贈安徽壽春鎮總兵官恩公長之神位

皇清贈提督湖北鄖陽鎮總兵官謚威壯瞿公騰龍之神位

皇清贈提督貴州安義鎮總兵官謚剛介王公國才之神位

公號錦堂雲南昆明人道光壬辰武舉竹山協副將署鄖陽鎮總兵

皇清贈道銜加贈太常寺卿銜候選同知特謚愍烈曾公國華

之神位 公字溫甫湖南湘鄉人

皇清贈鹽運使銜加贈太常寺卿銜運同丁公銳義之神位

公號篁村湖南長沙人

皇清加贈太僕寺卿銜知府銜湖北即補同知直隸州何公

忠駿之神位公號龍臣湖南平江人咸豐壬子順天舉人

西向室

皇清署湖北鹽法道事候補道林公恩熙之神位廣東海豐人

皇清贈前任湖北鹽法道武昌道王公東槐之神位公字蔭之山東滕縣人道光戊戌進士

皇清湖北督糧道徐公豐玉之神位公字石民

皇清湖北漢黃德道張公汝瀛之神位公號仙洲

皇清升授湖北漢黃德道武昌府知府延公志之神位公字尚之

（滿洲正紅旗人）

皇清贈加道銜湖北武昌府知府明公善之神位（公字韞田滿洲鑲藍旗人）

皇清贈太僕寺卿湖北署黃州府事安陸府知府金公雲門之神位（公號菊仙安徽休甯人道光癸巳進士）

皇清贈漢陽府知府董公振鐸之神位（公號竹樓漢軍鑲黃旗人）

皇清湖北黃州府武黃同知周公祖銜之神位（公號仙橋河南商城人道光進士）

皇清贈知府銜湖北蒲圻縣知縣周公和祥之神位

皇清署湖北江夏縣事大冶縣知縣繡公麟之神位（姓氏公字振）

夾寫圩藏

[illegible]馬千[illegible]

之滿洲鑲黃旗人舉人
公子柏春附祀

皇清前署湖北天門縣知縣楊公明善之神位
公字理元順天大興舉人

皇清前署武昌縣事候補知縣董公師雍之神位
公號月樵浙江仁和

縣人舉人

皇清布政使銜即選道謚壯武王公全珏之神位
號璞山湖南湘鄉人

皇清湖北荊門直隸州知州前孝感縣知縣李公標之神位
公字子蕃號紫藩

皇清湖北興國州知州郭公維鍵之神位
公字鍊吾四川人

皇清選授湖北武昌縣知縣何公開泰之神位
公字梅生安徽定遠縣人
道光庚戌進士

皇清選授湖北大冶縣知縣汪公榮基之神位 公字子厚號梅川安徽全

椒縣人道光辛巳舉人

皇清湖北黃州府羅田縣知縣彭公仲芳之神位 廣東化州人道光士

長進士

皇清湖北黃州府黃岡縣知縣翁公汝瀛之神位 公號蓮山江西沿山

人道光甲午舉人

皇清運同銜候選直隸州知州麻城縣知縣姚公國振之神

位 公號芹溪奉天府蓋平人咸豐四年三月守麻城戰死

皇清贈知府銜選用同知劉公騰鴻之神位 公號峙衡湖南湘鄉人

皇清贈同知加贈道銜前署湖南道州事即用知縣王公揆

又篤千歲

一之神位公號槐軒河南新鄉人道光丁未進士

皇清湖北候補從九品鄭公愚之神位公號寶山直隸灤城人

皇清湖北德安府安陸縣知縣萬公成之神位公字選青滿洲人咸豐甲寅三月賊破德安巷戰死之賊剖其腹並以藥火轟之

皇清漢陽城守營遊擊李公信之神位

皇清副將銜湖北候補參將謚果毅恆公泰之神位

皇清參將彭公友勝之神位

皇清管帶鄉勇湖南臨湘縣學生員李公文淳之神位公字足軒湖南臨湘人

皇清前署武昌縣把總楊公新福之神位江夏人前武昌縣把總正鼎之子壬

子省城陷時以巾蒙面投水溺死

右正室

皇清賞還提督欽差大臣前任兩江總督陸公建瀛之神位

公號立夫湖北沔陽人道光壬午進士

皇清贈署江南江甯布政使江南鹽巡道涂公文鈞之神位

公字平甫湖北嘉魚人道光己丑進士

皇清贈安徽布政使司布政使劉公裕鈴之神位

公字見甫湖北江夏人道光進士

皇清贈江西候補道帥公遠燡之神位

公字仲謙號柳齋湖北黃梅人道光丁未進士

公從子帥疇附祀

皇清贈布政使銜江蘇候補道謚壯勇溫公紹源之神位公號

北屏湖北江夏人生員

皇清福建提督前貴州鎮遠鎮總兵官巴圖魯謚恭武秦公

定三之神位公號竹坡湖北興國州人道光武進士

皇清賞給五品銜前署兩淮鹽運使淮陽兵備道郭公沛霖

之神位公號雨三湖北蘄水人道光丙申進士

東向室

皇清贈副將銜儘先參將蕭公逢春之神位公號杏村湖北漢陽人道光辛

丑武進士

皇清儘先參將霍伽本巴圖魯田公學韜之神位公號豹君湖北江夏

人。道光辛卯武舉

皇清贈署廣西龍州同知事候補州判李公懋葦之神位

公號果山，湖北監利人。道光丁酉拔貢。同治四年三月奉上諭：御史張盛藻奏請將殉難之員建立專祠，並其妻懇恩旌表建祠等語。前署廣西龍英州州同李懋葦，於咸豐年間在太平龍州地方打仗陣亡，業經從優議卹。該員之妻蔡氏痛夫陣亡，投繯自盡，節烈可嘉，著交部照例旌表，並准於湖北監利縣本籍自行建立李懋葦及其妻蔡氏專祠，以昭忠節。欽此。

皇清贈湖南江華縣知縣劉公興桓之神位

公字九甫，湖北沔陽人。道光庚子舉人，乙己進士。

皇清贈分發直隸即用知縣張公棨之神位

公號星階，湖北江夏人。咸豐壬子進士。

皇清贈升補信陽州知州前任河南淮甯縣知縣吳公承芳
之神位公號蘭溪湖北江夏人公子監生吳晉附祀
皇清贈知府銜山西曲沃縣知縣丁公璜之神位公號磻溪湖北黃岡
人道光辛丑進士
皇清贈知府銜前戶部主事改知縣彭公宗達之神位公字信甫
湖北黃安人咸豐壬子進士
皇清贈知府銜選用同知林公天直之神位公字立甫湖北江陵人生員
皇清贈知府銜照知縣優卹候選訓導萬公斛源之神位公號
海舟湖北興國州人廩生
皇清贈湖北分駐蒲圻千總前武昌縣把總胡公起太之神

位 公號鶴亭湖北江夏人

皇清贈知府銜選用同知李公景湖之神位 公號晴舫湖北通城人諸生

皇清恩騎尉世職候選衛千總周公文藻之神位 公字衮臣武昌縣人

公弟必馨附祀

皇清內閣中書夏公崇業之神位 公字宗山湖北江夏人嘉慶戊寅副榜道光甲午舉人

皇清揀選知縣曾公繼成之神位 公號西田湖北江夏人道光己亥舉人

皇清揀選知縣鄧公紹忠之神位 湖北江夏人道光己亥進士

皇清揀選知縣杜公德芬之神位 公號谷香湖北江夏人道光乙未舉人

皇清揀選知縣盛公際斯之神位 公號虞階咸豐辛亥科舉人

皇清贈舉人熊公五緯之神位 公號卧雲湖北羅田人

皇清贈舉人卯公文之神位公號斐臣湖北黃岡人道光癸卯舉人

皇清贈黃梅縣學教諭宋公贊元之神位公號簡臣湖北漢陽人道光丁酉拔貢庚子舉人

皇清贈湖北武昌府學訓導吳公長庚之神位公字少白湖北漢陽舉人

皇清贈湖北江夏縣學訓導阮公恩兌之神位湖北黃安人道光辛卯舉

皇清贈湖北江夏縣學教諭魯公唯之神位公號一齋湖北漢陽人舉人

皇清湖北黃州協右哨分防蘄水縣汎把總歷署黃陂千總

萬公世清之神位公號輔齋湖北黃岡人武生

皇清贈鑾儀衛經歷照縣丞優卹從九品尹公耀莘之神位

公號春田湖北江夏人

皇清照縣丞議卹選用從九品周公郁文之神位
公號藥農
湖北武昌縣人

皇清從九品銜桂公鵬之神位
湖北黃岡人

皇清湖北黃岡縣學廩生羅公文彪之神位

皇清殉節義民武昌縣賣菜叟朱公萬章之神位

皇清特贈朝議大夫知府銜湖北揀發知縣王公恩綬之神位
公字樂山江南無錫人道光乙酉順天舉人
公子變附祀同治五年七月御史汪朝榮
片奏冉臣同鄉湖北揀發知縣王恩綬於咸豐
五年二月十六日武昌省城失守王率其子變及
家丁丁貴吳福壽遇賊巷戰同時殉難當經前
任湖北撫臣胡林翼以險蹈危亳無趨避父
忠子孝足振頹風等語入奏奉旨交部從優
議卹在案伏查王恩綬起家乙榜以揀發赴楚

適值大股賊至武昌城門已閉不得入時胡林翼以藩司督兵城外留伊隨營差遣已為安排行帳該員決意進城卒其子及家人維城入謁巡撫陶恩培武昌府知府多山皆驚歎不已謂今世罕有此人城將陷撫臣陶恩培謂恩綬曰爾係揀發人員無守土責盍出城隨胡藩司去該員憤以死守頃賊進城陶恩培殉節於黃鶴樓恩綬衣冠單騎往哭賊大至偕多山卒兵巷戰死之子變家丁丁貴吳福壽同時被戕王恩綬並無守土之責乃從容結纓視死如歸不特與草芽間偷活者判若天淵即較之城亡與亡者亦分難易且忠孝一門僕從知義尤足維持名教扶翼綱常楚北士民至今有言之流涕者合無仰懇天恩援照在京諸臣奏准成案俯准於江蘇無錫縣本籍自行建立王恩綬專祠伊子王變家丁丁貴吳福壽一併附入專祠以慰忠魂而愜民隱謹附片具

奏伏乞聖鑒謹奏

皇清贈揀發湖北同知前內閣中書林公士鈴之神位安徽人道

光舉人

皇清署湖北荊門州州同候補縣丞劉公師杰之神位貴州人

皇清欽差大臣兵部尚書兩江總督前湖北武昌府知府謚靖節裕公謙之神位公字魯珊蒙古鑲黃旗人嘉慶丁丑科進士

皇清贈太子太傅欽差大臣太子太保前湖廣兩江兩廣陝甘雲貴總督謚文忠林公則徐之神位公字少穆福建侯官人嘉慶辛未進士

皇清欽差大臣太子太保前雲貴兩江總督謚文恭李公星沅之神位公號石梧湖南湘陰人道光壬辰進士

皇清照二品例賜卹贈按察使銜迅勇巴圖魯補用知府特

[illegible]馬千[illegible]

謚靖毅曾公貞幹之神位公原諱國葆字事恒湖南湘鄉人諸生

皇清殉節武昌縣文童孟公廷梅之神位公室任氏子光杰光罷女四姑五姑

附祀公寄居省城咸豐二年十二月初四日省城陷公閨門六口同日自縊死

皇清湖北蘄州衛掌印守備賈公瑞齡之神位公字仰山順天人武舉

皇清欽差大臣太子太保江甯將軍世襲輕車都尉謚

和公春之神位

皇清欽差幫辦江南軍務江南提督世襲輕車都尉贈太子

太保謚

張公國樑之神位公字殿臣廣東人

皇清揀選知縣田公際清之神位道光壬辰乙未舉人

皇清殉節諸生江夏毛家桐葛廷芳之神位毛公葛公號琴舟香谷

皇清贈原任四川漢州知州劉公遐亮之神位公字執菴嘉慶戊辰舉人黃岡人寄籍江夏

皇清贈候選縣丞嚴公厚銘之神位公字新甫湖北黃岡人在河南勝帥營陣亡

皇清贈湖北鍾祥縣學教諭陳公啓圖之神位公字出河號文峯原名啓謨黃陂人嘉慶丙子舉人

皇清賞戴花翎管帶智營武勇參將銜儘先遊擊余公雲龍之神位公字漢鄉湖北武昌人

皇清照例議卹選用從九品湖北智營幫辦余公秉章之神位公號漢山湖北武昌人

皇清照縣丞例議卹選用從九品湖北智營幫辦周公郁文

又馬千成

之神位公號韡農湖北武昌人咸豐八年十月十九日在桐城縣陣亡十二月十八日

奉上諭候選從九品周郁文從優縣丞例

議卹銀百兩予雲騎尉九年五月二十六日吏

部議奏奉旨

依議子大梅襲

皇清湖北潛江縣生員戴公自培之神位

皇清贈謚武介西安將軍札公拉芬之神位

皇清甘肅涼州鎮總兵官謚剛愍馬公龍之神位

皇清賞戴藍翎江陵縣縣丞署崇陽縣事湖北即補知縣鈕

公芳津之神位公字蓉浦廣西桂林府臨桂縣人武英殿供事咸豐四年在署

崇陽知縣任內陣亡

皇清湖北候補知州周公承典之神位公字愔五河南固始縣人道光庚子舉人

皇清欽差大臣贈太子太保西安將軍前荊門州將軍諡忠勇

多公隆阿之神位公字禮堂黑龍江人同治三年四月死盩厔之難

皇清誥授振威將軍欽差大臣安徽巡撫兼理提督前湖北

巡撫李公續宜之神位公號希菴湖南湘鄉人

皇清提督銜記名總兵湖北提標中軍參將石公清吉之神

位公字祥瑞直隸沙河縣人

皇清鎮守河南河北總兵官諡威毅余公際昌之神位公字會廷

湖北鄖陽人

皇清記名提督陝西興安營遊擊孟公宗福之神位湖北人

皇清都統銜鑲紅旗護軍統領照都統優卹諡舒公保

永篤千歲

皇清錫封一等子爵賞戴雙眼花翎記名提督河南歸德鎮之神位公字輔廷旗人同治三年四月在湖北楊家河陣亡

總兵官謚忠壯李公臣典之神位湖南人一等伯曾沅甫中丞稱其忠勇絶倫克復金陵戰功第一錫爵命下卒軍中矣年二十七

皇清贈湖北大冶縣知縣倪公應頤之神位公字梅美雲南昆明人咸豐壬子進士六年選授

皇清誥贈奉政大夫同知銜從九品汪公傳懿之神位公字右文號絅菴湖北漢陽人原籍安徽休甯人

皇清太子太保協辦大學士四川總督前湖北湖南巡撫謚文忠駱公秉章之神位公字籲門廣東人

皇清欽差大臣太子太保文華殿大學士前任湖廣總督荊州將軍世襲一等果威伯謚文恭官公文之神位（公姓王氏號秀峯遼陽人本隸內務府以功抬正白旗滿洲人）

皇清贈太子少保廣東陸路提督三等輕車都尉達桑阿巴圖魯謚忠壯劉公松山之神位（公字壽卿湖南湘鄉人）

皇清咸豐初年楚中陣亡軍功兵勇之神位

皇清咸豐初年殉難鄉勇義民之神位

皇清咸豐初年楚中殉節烈婦命烈女之神位

皇清楚中殉難官紳各侍者之神位

皇清各標營殉難棚頭員弁兵勇及各在官人役之神位

塔營棚頭都司朱長勝六品軍功龍聯陞　胡營棚頭軍功周化龍周得勝

向營花翎把總任長春外委王得名　青營外委衛高陞

江夏縣民壯秦大發　陸署朱貴

陸營五品藍翎外委朱長發

陶桓公書堂

晉持節侍中太尉都督荊江雍梁交廣益寧八州諸軍事荊

江二州刺史長沙郡公贈大司馬謚桓公陶公

侃之神位公字士行鄱陽人

宋少保樞密副使岳鄂制置使武昌開國公謚武穆改謚忠

武追封鄂王岳公飛之神位公字鵬舉相州湯陰人

王長子左武大夫忠州防禦使贈安遠軍承宣使雲三子朝散大夫敷文閣待制贈大中

大夫霖附祀

宋太師荊鄂都統制封永國公謚忠毅孟公宗政之神位公字

德夫絳州人卒葬武昌子孫因家於此

宋荊湖制置使兼知江陵府贈太師追封吉國公謚忠襄孟

公珙之神位公字璞玉忠毅公之子

晉驃騎將軍開府儀同司加散騎常侍大將軍封始安郡公

謚忠武溫公嶠之神位公字太真太原祁人

晉贈宏農太守佐著作記室叅軍郭公璞之神位公字景純河東聞喜人

晉徵士前彭澤令謚靖節陶公潛之神位公字淵明

又馬千歲

晉遺民前紫桑令劉公程之之神位公字仲思彭城人

晉遺民前辟洲主簿衛將軍參軍郭公希林之神位武昌人

唐秘書郎武昌令韓公仲卿之神位公鄧州南陽人吏部侍郎贈禮部尚書封昌黎伯謚文公愈之父

唐容州都督左金吾衛將軍兼御史中丞本管經略使贈禮部尚書元公結之神位公字次山河南魯山人

宋兵部尚書端明殿學士翰林侍讀學士守禮部尚書贈太師謚文忠蘇公軾之神位公字子瞻眉州眉山人

宋大理寺正知湖州改常州前武昌令薛公季宣之神位公字士龍一作士隆温州永嘉人程伊川先生再傳弟子

宋尚書右丞遷門下侍郎諡文定蘇公轍之神位（字子由文忠公之弟）

宋秘書丞吏部員外郎知太平州舒州諡文節黃公庭堅之神位（公字魯直洪州分宜人）

元孝子丁公鶴年之神位（公字鶴年其先西域人父官武昌達魯花赤因家此）

明永清縣典史周公縉之神位（公攝知縣事諡忠烈　公字伯紳武昌縣人孝子周琳之父）

晉理事中郎遷長史孟公嘉之神位（公字萬年江夏鄳人）

晉處士郭公翻之神位（公字長翔）

宋詩人潘公大臨之神位（公邠老弟大觀附祀）

晉護軍將軍車公胤之神位（公字武子）

明處士王公一翥之神位 公字子雲號補菴崇禎庚午舉人

皇清工部主事前西城正指揮登封縣知縣葉公封之神位 公字井叔號慕廬順治己亥進士其先浙江嘉興人寄黃陂籍改黃岡晚寓武昌縣 公子

康熙庚辰進士瑞安知縣道復附祀

皇清禮科給事中前翰林院庶吉士王公追騏之神位 公字錦之

號雪洲順治戊戌貢士己亥進士

明副都御史贈兵部左侍郎巡撫廣東僉都御史熊公桴之

位 公字元乘號鏡湖武昌人嘉靖庚戌進士

明太僕寺卿孟公習孔之神位 公字古徒號魯離武昌人萬歷乙未進士

明雲南按察使孟公建柯之神位 公字培之武昌人正德辛未進士 孫萬歷庚

長進士雲南按察使肇慶附祀

皇清贈廣西布政司右參議賓州知州劉公日襄之神位字放雲武昌人歲貢生

皇清贈少保湖廣總督謚清端楊公宗仁之神位奉天人雍正元年任

皇清協辦大學士兩江總督前任湖廣總督謚文敏百公齡之神位公姓張氏號菊溪漢軍正黃旗人乾隆壬辰進士嘉慶十年任

皇清誥授中憲大夫原任禮科掌印給事中候補六部主事袁公銑之神位公號金溪麻城人嘉慶辛未進士翰林院編修主講江漢書院學者私謚貞毅先生

宋贈龍圖閣直學士前鄂州通判謚忠顯趙公令峸之神位

皇清贈工部侍郎湖北布政司叅議謚忠節葉公映榴之神位 公字炳霞江蘇上海人順治辛丑進士

皇清太子少保兵部尚書兩江總督前任湖北武昌黃州知府升江防道謚清端于公成龍之神位 公字北溟山西永甯人順治庚子副貢生

皇清誥授振威將軍贈揚勇巴圖魯浙江提督謚鄧公紹良之神位 公字湖南乾州廳人行伍

唐武昌令孟公仕源馬公珦之神位

宋武昌令鄧公聖求之神位 官至翰林院學士

宋大理寺正歷知湖州常州前武昌令薛公季宣之神位 公字

士龍永嘉人宋史儒林有傳著
有武昌土俗編見文獻通考

明武昌知縣汪公璽婺源人贈戶部侍郎
李公有朋之神位東陽人舉人

韓公相之神位晉州人進士擢南京監察御史
鄒公逢吉湖口人進士

聶公賢之神位長壽人進士累官刑部尚書
黃公應龍順德人舉人累官四川按察副使

劉公日淑之神位南昌人舉人遷兗平知縣
劉公體仁內江人進士官至承天知府

明武昌縣教諭朱公瓚之神位新淦人舉人
張公子翼瓊山人舉人

皇清湖北武昌縣知縣王公宗徽之神位山東人
王公餘昌

熊公登之神位字仲升江西南昌人
邵公遐齡字錫園浙江仁和人

曾公行東之神位字七如山東曲阜人
黃公詠字陶斯順天大興人

王公正常之神位字方山四川瀘州人
彭公運修湖南長沙人

靈公川之神位滿州旗人
林公芳字芷生浙江玉環廳人

劉公詒孫之神位　字芑汀湖南湘潭人

李公錦源之神位　字蓉艭四川犍為人

皇清旌表孝子向公宏材之神位　公字廣文武昌縣人乾隆二十三年旌

周公宏璧之神位　公字武尊武昌縣人詳縣志

蕭公玉聲之神位　公字輝山武昌縣人詳縣志

洪公作相之神位　公字築巖武昌縣人

張公摩天之神位　公字武昌人生員咸豐元年旌

忠義神武靈佑仁勇威顯綏靖關聖大帝之神位

漢丞相錄尚書事假節領司隸校尉武鄉侯領益州牧諸葛忠武侯之神位　侯字孔明瑯琊陽都人

漢右將軍假節車騎將軍領司隸校尉西鄉侯張桓侯之神位　侯字益德涿郡人

漢軍師中郎將前荆州從事守來陽令追賜爵關內侯龐靖侯之神位　侯字士元襄陽人

漢中護軍征南將軍歷牙門翊軍鎮東鎮軍將軍永昌亭侯趙
順平侯之神位 侯字子龍常山真定人
皇清欽差大臣科爾沁博多勒噶台親王僧格林沁之神位
皇清欽差大臣海口大臣體仁閣大學士兩廣總督世襲一等
男爵葉公名琛之神位 公字崑臣湖北漢陽人道光辛卯舉人乙未進士翰林院編修

同治五年八月劉蓉片奏再平利縣四世封職余
輝遠前於同治元年十二月間川捻等匪竄擾陝
西圍攻興安該職督勇登陴守禦月餘備極辛勤
嗣值府城失陷該職巷戰捐軀當經前撫臣奏請
賜卹並附祀前興安府知府林映棠專祠在案茲據
郡屬紳士蔣常垣等公呈平利縣在籍贊善銜翰
林院庶吉士邢景周帶勇禦賊被害曾經都察院
奏奉上諭建立專祠該紳等擬將余輝遠與邢
景周就平利縣城合建一祠由本地自行捐辦等
情由藩司林壽圖查明具詳前來臣查邢景周余

輝遠兩員同隸平利以紳士捍賊殉難今該紳等
請以平利之紳士歸併平利之專祠既屬衆論咸
孚且使義烈並著可否仰懇 天恩俯准合建一
祠以順輿情而慰忠魂之處理合附片陳明伏乞
聖鑒飭遵謹 奏奉
旨着照所請該部知道欽此

同治五年八月李鴻章片再據家人王升呈稱家
主賜謚文節原任工部侍郎呂賢基安徽旌德
縣人自家主殉難後眷口散處本籍咸豐十一年
粵匪陷踞旌德往來蹂躪家主之妾張氏弟媳鄭
氏次媳汪氏均投水自盡又妾劉氏孫升能紹宗
胞姪附貢生錦綬及弟錦紱先後遇賊不屈被害
奉小家主翰林院侍講呂錦文之命回籍查訪適
年始獲眷口被害實情理合就近呈請奏卹前來
臣查原任工部侍郎呂賢基咸豐三年奉 旨回
籍辦理團防在舒城縣死事甚烈業經奉 旨優
卹乃續因原籍被陷眷口先後殉難甚多尤見該
侍郎忠義之教被及婦孺蓋臣後裔僅有孑遺實
堪憫惻合無仰懇 天恩俯准 飭部將呂張氏
等分別旌卹以昭激勸伏乞 聖鑒訓示謹附片
具奏奉 旨呂張氏等均着交部分別旌卹欽此

提督江西南贛總鎮總兵程學啟安徽桐城人於

同治二年攻克江蘇省城至三年春間攻克浙江
嘉興府躬冒矢石首先登城槍子貫腦絕而復蘇
旋因傷重出缺奏蒙照提督陣亡例從優賜卹經
部議給騎都尉兼雲騎尉襲次完時給予恩騎尉
世襲罔替同治三年七月二十五日奉上諭程
學啟著加恩賞給三等輕騎都尉世職等因欽此
五年安徽布政使吳坤修詳稱程學啟之繼子建
勳現年四歲請先行承襲三等輕騎都尉世職俟
及歲時送部引
見經李鴻章片奏

重修

陶桓公書堂及丁孝子墓引　陶桓公諸賢列傳及通志府縣志傳

碑誌行狀并詩　武昌懷忠祠啟　上諭奏摺

諸賢所有為文錄其有關於武昌者　林文忠公諸賢行述

紀諸賢文　諸賢所自為文詩　祭文

咏諸賢詩　挽詩　傳誌碑銘

荆楚文庫

〔宣統〕黄州府志拾遺

〔清〕沈致堅 纂輯

《荆楚文庫·方志編》編纂組

組　長：賀定安　陽海清（執行）

副組長：劉傑民（執行）　王　濤　謝春枝　范志毅（執行）

參編人員（以姓氏筆畫爲序）：

王　濤　李云超　宋澤宇　范志毅　柳　巍　馬盛南　陳建勛

梅　琳　張　晨　張雅俐　陽海清　彭余焕　彭筱濺　賀定安

劉傑民　謝春枝　嚴繼東

編　審：周　榮

顧　問：沈乃文　李國慶　吴　格

前言

《〔宣統〕黄州府志拾遺》六卷，清沈致堅纂輯，清宣統二年（一九一〇）鉛印本。内封題：『宣統二年秋 黄州府志拾遺 黔南劉鑅題』。

沈致堅，字卓梧，湖北黄岡人，舉人。著有《三國地理志補》《蘇文瑞年譜》《黄州府志證誤》等。志《敍》有言：『郡志自前明洎今，已届三修。』依致堅之意，應指弘治十四年（一五〇一）盧濬志、康熙二十四年（一六八五）蘇良嗣志、乾隆十四年（一七四九）王勍志。其未計入光緒十年（一八八四）英啟志，蓋因致堅欲以《拾遺》補之。

致堅夙好藏書，於校正考訂之事結習殊深，其瀏覽故籍之時，凡有關黄州府者，若證其未收入舊志，輒自筆劄。所録彙爲六卷，訂上、下二册，命爲《黄州府志拾遺》，於宣統二年（一九一〇）成書。

是志體例依光緒志，六卷共十門：疆域、建置、賦役、學校、武備、職官、選舉、人物、藝文、雜志，各門類末題該部分内容校者名。門下分類僅載有所增録者，無補者略之。所載條目，若有出處，則於文末標註。

上册三卷，收録疆域至人物八門。較之前志，『疆域志』下，『古蹟』依區劃記録，增入黄岡十九條、麻城七條、蘄水三條、蘄州兩條、羅田一條，『風俗』『物産』略有所增。『建置志』下，『官廨』增入一條，『鄉鎮』所採入者，皆出自《元和郡縣志》或《元豐九域志》。『賦役志』下，『户』『賦』『蠲卹』三類，共録入十四條。『學校志』下，『學宫』增一條，另録入《黄州重修文宣王廟壁記》等文三篇。『武備志』下，『兵事』增五條。『職官志』下，『藩封』自漢至宋，增入二十二條；『文秩官表』自晉起至明，各縣共録入者五百餘人，其中有傳者近六分之一。『選舉志』下，『科貢表』『薦辟』共增入二十餘人。『人物志』下，『文苑』『宦蹟』『孝友』『隱逸』『藝術』『流寓』『烈女』等共增三十餘人。

下册三卷，收録藝文、雜志二門。『藝文』一門，依光緒志分經、史、子、集，是志僅載子部、集部之藝文，較爲豐富。

收録甚多，篇幅几占全書之半。『雜志』之『祥異』『仙釋』各增數條，『寺觀』『冢墓』『摭聞』所録内容

是志廣收博採，補光緒志之缺遺，如致堅所言，可供他日續修斯志者採擇。

據《中國地方志聯合目録》，北大、上海、南京、浙江、湖北等地藏有該志。本次影印以湖北省圖書館藏清宣統二年（一九一〇）鉛印本影印，偶有漫漶、字迹不清等現象，以同版藏本相應葉替補。（彭筱溦）

目録

宣統二年秋

黃州府志拾遺

黔南劉鑅題

敘

古者史志唯一龍門名記班范名書陳壽名志魏晉以降十國陽秋派別稗史別錄世本水經風土歲時諸記實近世郡縣專志之權輿而詳畧有間徵文考獻有史佚求諸志志佚求諸史者通都大邑故實繁夥搜求靡罄於是私家著述往往綴拾舊文補注遺佚事勤於考據鉤沉索隱視王子年搜奇述異差足勝焉吾郡春秋古國地介江淮之衝尤爲形勝畸人偉士代有崛起遷客庽公往蹟堙漫或顯或晦修斯志者即手披萬卷有操觚弗及之勢郡志自前明洎今已屆三修典章文物燦然大備网羅宏富宜其靡遺然卷帙浩繁年代久遠亦竊於聞見致

堅曩以公車携篋北上比供職京曹退食多暇鮮聲華徵逐之交夙好藏書而不敢以著作見世然於較證考訂結習殊深嘗著三國地理志補及編訂蘇文端年譜黄州府志證誤瀏覽故藉凡有關於桑邦證之今志未經采入者輒自筆劄十年以來此帙仍復盈册同郡友人慫授手民竊以爲非作非述無議論之編輯或免譏於方聞抑見匡居未嘗忘事耳書凡六卷訂爲上下二册命曰黄州府志拾遺門類一仍志例至其掇集散佚詎敢稱爲完備要之珠塵片羽亦冀他日續修斯志者得埤采擇云爾

宣統二年八月二十二日黄岡沈致堅序於瀋陽鹺廨

黄州府志拾遺目録

黄岡沈致堅卓梧纂輯

黃州府志拾遺卷一

黃岡沈致堅卓梧纂輯

疆域志

古蹟

黃岡縣

西陽城見府志

唐元結西陽城詩江北有大洲洲上堪力耕此中有五穀不及西陽城城畔多野桑城中多古荒衣食可力求此時何所望○元次山集

邾城見府志

宋薛季宣三月七日按雲陂莊還宿舊州寺懷松楸作詩不學老農稼而爲田舍翁劬勞方軫慮定集竟何功心惻羣蒿氣時寒疾甚風年時倘壇祭廢絕意奚窮○語浪集

東坡見府志

宋張耒步下四望亭至東坡柳逕訪郊老不遇詩北下四望嶺兩山中曠平禁紆蟠逕術迤靡

分溝朧林間樵汲路壠外牛羊鳴落景急晚春淺泥鬧耦耕餘紅猶落落高綠或亭亭柳鬧見衡門歌屋倚崢嶸主人掩關去春蕪空復青論文挈兒曹得句懷友生安得桐川翁畫此十幅屛

又步抵東坡登舟返石門詩爲到西陽城佗傺東坡上舊址就荒蕪山川寫心匠四見鑱高寒閒遺畫屛幛萬像儼朝昏出沒烟霞狀玄覽浩無涯不覺滄溟漲吾行半南州此游誠大壯寸陰良可惜無奈歸船舫隤然快哉亭昔夢今知妄吳都一回橈杯飲篷樽浪石門隱漁舍行復殊亭敝拓竭兩端倪便可齊得喪

○又晚渡東坡詩赤鼻磯頭橫曙煙吳王城下浪連天聞道東坡妙天下爾來靡日不盤旋

榜快哉惟有東坡舊煙柳道

人浮生萬事盡塵埃

又東坡詩

瑞慶堂今東坡思古也江之廣矣一葉航斯東坡遠矣企而望斯彼草蒙茸翳於雪堂決決檻泉橋亦云亡人知其名我懷允實崔嵬者山有環彼室江之廣矣鼓而髣髴悠哉悠哉如泉流以出我思古人寥其久矣文如爾矣我心起矣雪堂之已矣曷爲其止矣人之匪矣若其已矣我之鄰斯一江之巨我之來斯忽其如寓有懷北堂頹如以仆相彼道人隻眼之云具自法云道人守雪堂者耆鑒眼懸雙眼以自見○俱語浪集

讀書堂見府志

宋薛季宣遊韓魏公讀書堂詩蘭生深谷中香不爲人採明珠含蚌胎融曬鎮長在襲來馨滿衣磨琢未曾璀君子行之常出處安有改韓王開此居山立中嵒嵬嵡窕二游女易歲昏有待柳下學東門百世人不逮乃心冊自欺匪慱馮可忘用之建邦國所宜熹大纛我來追後塵六逸先鶩貽美人意桃李德誼見芳菑瞪若眩吾明五色騰日彩〇語浪集

雪堂見府志

宋薛季宣冒雨渡江弔喪彭氏造雪堂夜歸詩衝風櫛雨亂西江弔死裴回間雪堂叢枳界無春草主小橋縱在古碑荒人存有政名空大世遠回思恨始長旋棹晚雲何限事可堪瑞慶柳成行　月波樓下草芊芊浪拍三江起暝煙顯見古人人又去欲詢往事事無傳逢樽明滅漁家火樊口依稀估客船妻子迎門應怪咲問君何謂苦愁煎〇語浪集

臨皋亭見府志

宋范成大過臨皋詩夏口風帆赤壁磯雪堂釃酒竹樓棋繫船一日黃州下祇辦登臨不辦詩〇石湖集

又劉敞臨泉亭詩春秋黃子國楚越穆陵關比屋皆編竹孤城半踐山岸泥觀虎跡雲水晴淵繚

三入承明客那能鬢不班遠國江千里荒城水一涯居人愁避虎過客競乘槎秋雨吹天暮寒濤浸日車從來遷謫地卑濕是長沙○公是集

萍洲老圃宋張戣寓黃州居此泙洲可談

蔡氏園宋張耒同仲達雪後踰小山遊蔡氏園得紅梅數枝奇絕因賦詩二首與君陟巘踏春泥邂逅紅梅得一枝枝失郤孤山風露格恰成卯酒醉冰肌北風凜凜留高樹融雪涓涓聚小塘三畝山園半春草無人爲結小丁香山○柯山集

坐嘯堂在州治無倦齋後

淨治堂在設廳後

無倦齋在郡廳竹樓之下

無盡藏在郡治本涵暉樓後易此名丁寶臣爲之作記張安

國大書其榜曰取赤壁賦無盡藏之義

味道齋在無倦齋後

三賢堂在郡學祀內翰王公文忠蘇公忠獻韓公

四望亭見府志在雪堂南高阜上唐太和中刺史劉嗣之建李紳作記

臨臯館見府志在朝宗門外名瑞慶堂以故相秦檜之父縱舟其下生檜於此

梅子港在黃岡縣北五十里

獨家村北齊於古黃州城西南三十里獨家村置南司州

鼉龍橋在黃岡昔有一鼉出沒港中狀類龍故以名橋

麻城縣

風月堂在麻城柳氏家陳季常妻家東坡名之曰風月堂

十勝景在麻城山上有仙女臺仙女洞看花臺龍潭瀑水崖龍池仙源亭馬頭泉師姑臺仰天窩號爲十勝景

栲栳潭在麻城縣北七里

鷰巢港在麻城縣南五十里

鷄鳴關在麻城縣東百五十步以上均見輿地紀勝

岐亭見府志宋張耒發岐亭宿故鎮三首我別竟陵時楚稻如碧絲秋風發齊安稻穗如植旗流年去荏苒客路何逶迤弛擔終未卜永負中山期　乘月入秋山月午山蹊靜森森松竹林夾道散疏影陰風留暗蛩白露蒙朝嶺耿耿村雞鳴坐感單衣冷征人不敢安蓐食待明發澗冲石上雲冷踏松間月艱難付一笑歲月驚屢閲偃亞道傍松茯苓應可拙○柯山集

蘄水縣

巴口見府志

宋薛季宣送中司抵巴口詩將迎苦不易浮湛良亦難礜鞭候使客無時弄江灘上磧下南浦風雲怒濤間一葉舞軒昂五水戲觀瀾朝湖暮淮西此游今等間看盡楚山碧信宿相與還晴巒持天衣水石鳴佩環輕船簑笠翁勿與人事關相依塵外意心清緒爲闕何時買扁舟從公看孱顏 又巴口相地作大軍倉詩南浦縱蘭橈打頭清旦風鳥飛圖障遠人皺縠紋中衛尾過干柁頻顏無萬叢端愁少槃瓠生子亦羣戎 又巴口感事詩曙煙帶柳日希微一簇魚蝦市井遲莫上官深致志雲龍曾說鎖牙旗〇語涙集訝

蘄州

煙霏亭見府志

宋王質題蘄倅煙霏亭詩落木寒聲晚更悲斜陽隱隱霧霏霏並塘官路青莎合帶郭人家綠樹園莫遣風霜驚雁字〇從敎煙雨潤烏衣接羅吹動肩樓聳郄下修篁徑裏歸〇雪山集 又葉適除夜元日連登煙霏樓詩巖巒寬去靈虬寺水竹低橫處士園此是蘄州無比好亦如淛下好山川 擢荷禿柳不勝春脈脈荒隄數過人我若有材能速化應將地巧答天眞〇烟霏樓記烟霏樓者本西樓也太守仲幷更名之余自湖口渡

江沿淮北上至王潼洲燒葦夜行投宿民舍遲明遂上車夫與牙兵相詈擊慰謝之然後肯去踐小楊湖一步數陷所過空隄絕岸敗蘆衰莽而已入灑港乃見黃梅諸峯雄秀可喜而百餘里之間砂坡叢岫靡迆連接淺泉細石經絡田畔則蘄之土無不闢而居者相望矣然而州無城堞市無塵肆廛無樓觀佳卉良木不殖公私一切簡陋四方之集徙者以欺誕苟且爲生促具衣食則止其于絕埃煩近清涼理榛荒致茂好居高覽遠以遂其生之樂非惟不能亦未之知也故郡之涵暉見山與超然觀之廢址不散則偪景蔽而意舒皆不足以處煙霏者直通判廳之西其下中洲隱士李之翰所居稍有水竹花石之勝四旁廬宅以寬且遠不見甚陋鷗鷺之羽鷄犬之聲飛走喧寂各會其性林樊間錯晻靄西去對靈虬馬下等山拱揖資伏陰晴旦暮天地之氣迭爲降升登之者亦如在吳越綺麗之鄉湖湘清幽之濱使吟者忘句而飲者忘酒也蓋一州之觀無以過此夫蘄山澤之聚淮之名城也豈其天趣不足哉特地力有未盡爾以余之不肖忝長吏于是不能疏滌其陋以安之利徒品擇其美以自縱也豈古人所謂富而教之者乎顧今之吏有不可以此責者故記其說以遺通判事朱君俁刻之樓上使蘄之人能盡其性之德以爲材

盡其地之力以爲利生殖遂長而英發器用堅實而久成如韓之樂公劉之芮鞫淇澳之君子亦欲其知自茲游者始也○水心文集

中洲蘄州處士李之翰隱居處

宋葉適李氏中洲記云君隱約於蘄久矣在城西中洲依水爲圃蔭菲而宅無所燕館不崇珍臺其間蹊隧僅通而已春陽開舒似有敷榮擎殲氣應不厭擢落四時之序畧備而已蘄人以其居而安游而樂因即而名之販夫走卒皆曰中洲不斥言也君之可稱有二焉世之豪傑特起之士豈不正其性命之情哉然而氣血之偏使常制其中和利欲之交習常行於理義終也則勢力之高下爲進退歲月之壯克爲盛衰規矻未忘而身又蹈之何歟蓋君於氣血利欲之雜先盡矣遺世以順照物以哲故能養心于內不暴于外屈伸俯仰有以自信雖薄滋味簡服用約居處頹然窮老而可樂之實常在矣一也佛之學入中原其始固爲異敎而已久而遂與聖人之道相亂有志者常欲致精索微以勝之卒不能有所別異而又自同於佛者智不足以兩明而學失之畧也君始學于佛既悟其說然後歸而求之聖人之道行是乎無是乎反餘類若易知合性命

難辨于是誠得其所以不同者故其修身教人出于仁義道德之本統而知入德之有門矣二也不富于技而能已足道者士之常道也不分于用而能已成者士之常職也仁者人之所以爲人之實也不求仁則失其所以爲人求仁而不得其所以爲仁不可止也古之人捨一世之所重以求其所謂仁者後之人求一世之所重以喪其所謂仁者夫重與輕不先審而以其所喪者爲所求人與已不先察而以其所競者爲所樂可乎不可也此君之所以爲庶幾而余之所以媿君也君已七十中洲之上木老花殘不復計惜所察將益警所進將益深不惰不昏以俟天命嗚呼余之媿君未已也李氏名之翰字周翰○水心集

蘄水縣

三泉見府志

余章三泉記米芾書鳳山之陰蘭溪之陽有泉出石鏬爲蘭溪其在寺庭之除爲陸羽烹茶之泉其右鳳山之陰爲逸少澤筆之井闞溪於茶經之品第三藏渚水底出則隨溪流無停積故常新潔不陳敗甘美而善泛清澈而不亂也茶之所最宜王陸二水皆蘭溪一源耳

五美亭在蘄水縣

羅田縣

練巖在縣西三十里有瀑泉瀉於兩峰之間有隱士居其下見輿地紀勝

沈怡盛覆校

沈怡經初校

風俗

張耒柯山集黄人謂寒食上塚爲澆山其祭饌多用蒻菜事已則鳴鉦而歸 攜酒澆山去鳴鉦徹祭歸青蔬蒸果蒻白酒市無旗（市多私酒不立旗望） 日暮人皆醉夜深歌似啼（上塚歸則歌聲甚悲） 故人書問我何用久居夷

物產

黄岡縣

黄州山中蒼樹至多就野買一斤數錢耳此長生藥也人以爲易得不復貴重至以熏蚊子亦可爲太息（東坡雜記）

慈竹筍釿黄生一叢數竿筍不外迸（贊寧筍譜）

宋

張耒七日晚同潘郎乘月到欒家觀鶴問石生羚羊角偶有之今早惠角一對良眞是也吾藥遂成欣然作詩

作宵風月好攜手得吾人南街訪老鶴夜扣主人門入門未相見淸唳已可聞見我展雙翅俯啄意甚馴訪藥偶有之初尚疑未眞今晨墮我前獲此萬里珍披圖驗良是入藥定有神望茲以訪方輔此老病身嗟我天所窮一事百苦辛茲遊乃輒遂造物良已仁因歌遂成詩往調柯山君

柯山集

麻城縣

臨城縣西北一十里有枯松一株相傳以爲萬年松天中記

蘄州

自成化以來惟以蘄州者爲勝相傳蘄州白家山產艾置寸板上灸之氣徹於背他山艾徹五分湯陰艾僅三分以故世皆珍重之羣芳譜

蘄竹出蘄州以色瑩者爲簟節疏者爲笛帶鬚者爲杖又產十二時竹繞節凸生十二支字仝上

羅漢菜生三角山上舊傳有異僧種之而去若雜以葷物即無味不可食輿地紀勝

沈寶坤覆校

沈怡緯初校

建置志

官廨

王禹偁無愠齋記在無盡藏之下 古人三仕無喜色三已之無愠色某在先朝自

左司諫知制誥左遷商州團練副使又自翰林學士出知滁上今天子即位自尚書刑部郎中知制誥出守齊安到郡之明年作書齋於公署之西偏因徵古義以無愠爲名後之人治是郡者公退之暇當以琴書詩酒爲娛賓之地有餘力則召高僧道士煮茶鍊藥可矣若易吾齋而爲庖廚厩庫者非吾徒也三年十月二十一日記○小畜集

鄉鎮

黄州

唐

開元朝鄉二十八元和朝鄉一十八 元和郡縣志

宋

黄岡縣

一十鄉　齊安　久長　靈山　團風　陽邏　沙湖　七鎮

蘄水縣

四鄉　石橋　馬嶺　王祺　三鎮

麻城縣

四鄉　岐亭　故縣　白沙　永泰　桑林　永寧　六鎮

以上俱元豐九域志

蘄州

唐

開元朝鄉五十一　元和朝鄉五十一元和郡縣志

宋

五鄉　蘄口一鎮

廣濟縣

四鄉

黃梅縣

四鄉　獨木一鎮以上俱元豐九域志

沈怡經初校
沈怡璘覆校

賦役志

戶

黃州

唐

開元戶一萬三千七十三元和戶五千五十四（元和郡縣志）

宋

戶主三萬二千九百三十三客四萬九千五百（元豐九域志）

蘄州

唐

開元二萬六千八百九　元和一萬六千四百六十二（元和郡縣志）

宋

戶主七萬四千一十七客三萬八千三百五十六元豐九域志

賦

黄州

唐

開元時貢紵貲布十疋

賦絹布綿麻元和郡縣志

宋貢

白紵布一十疋　連翹一十斤元豐九域志

蘄州

唐

開元貢白紵細布　元和貢白紵布一十五疋（元和郡縣志）

宋貢

白紵布一十疋　簟一十領（元豐九域志）

蠲卹

宋

隆興七年十一月蠲兩淮州軍二税一年（孝宗本紀）

八年兩淮等路水旱相繼發廩蠲租遣使案視民有流入江北者命所在振業之（仝上）

九年兩淮旱傷州縣貸民稻種計度不足者貸以椿積錢（仝上）

十四年淮西旱振之（同上）

紹熙四年六月振兩淮被水貧民（光宗本紀）

八月振旱傷貧民（同上）

開禧元年兩淮諸州水振之（寧宗本紀）

三年二月蠲兩淮被水諸州今年租賦（同上）

三月蠲兩淮被兵州郡役錢（同上）

學校志

學宮

黄州文宣王廟舊殿三間宋咸平二年知州王禹偁擴修之

王禹偁

黄州重修文宣王廟壁記

世之人有以儒爲戲者謂文宣王廟傾不可修修之必起訟復有郡縣長吏奸贓自污畏儒不治而獲罪者適以修廟時由是中人以下謂信然也故廟貌益毁黄州文宣王廟舊殿三間阽危不可入以十數柱扶持之猶懼其顛覆以至遷像於門廡之下折之則瓦木朽解十不存一前知州國子虞博士廉勤之吏也率同僚屬官洎郡之縫掖者得數十千市木於山桴江而下屢爲風濤漂泊材植僅有至者未幾坐度僧過限又坐納鹽不如法連被制劾非時

受代留郡聽命者百餘日窮窘不得去或以爲修廟起訟不謬矣某自西掖謫守是郡觀其事歎曰先師若是凶耶吾將試焉因其舊貲鳩工揆日命左押衙丁文璲督其役月餘而殿成素王十哲咸新其像彩繪金碧煥乎有光又取上都國學贊文請從事曾碩書之刋石鏤板置於神座俾夫春秋釋奠有所瞻仰塞戲儒之口刷先聖之恥亦無媿孔門之徒也至述先師之道則孟軻所謂生人以來未有如夫子者其功不在舜禹下韓吏部曰天下通祀者唯社稷與夫子廟某敢輕議哉故予書修建之由而已

時大宋咸平二年月日記 小畜集

嘉定二年學宮寖以頹靡知州高得全率教授李宗勉飭而新之廊廡齋舍以次興立後博士馮去疾重建

袁甫

黃州重建學記

齊安郡博士馮君去疾興崇學校以書請記於某且曰明道伊川二程先生實生黃陂邦之人士祀之至今某深惟二先生以正學爲天下倡我宋儒道緜是大明上接洙泗統緒顧晩學無似正願與學子茂明之明道先生嘗與橫渠先生論性矣其言曰動亦定靜亦定無將迎無內外苟以外物爲外牽己而從之是以己性爲有內外也又曰今

以惡外物之心而求照無物之地是反鑑而索照也嗚乎至哉言乎學者不識性或溺空虛或膠意見譊譊焉騰口說而於切已之實了無相關伊川先生曰聖人之言如彼耒耜陶冶之器一不制則生人之道有不足矣後人所爲動多於聖人然乃無用之贅言離眞失正反害於道某三復斯言惕然內省夫以已性爲有內外拘牽固滯大本不明而顧以言語誦說爲能正使汗牛充棟祇以爲損實有何益某自懼不能免斯病也學子亦嘗深省密察乎天高地下萬物散殊神用昭昭倫理井井動靜一內外融何以多言爲上帝臨女果見其臨乎見者孰見神之聽之果知

其聽乎知者孰知學子毋謂此道爲高遠易存存詩書兢兢禮洞洞屬屬存此而已敬此而已躬行實踐自存自道不能存不能敬罪實在我何可自恕果能是卓然眞知性無内外不墮拘牽之失而誦詩讀書確然眞如耒耜陶冶之適於實用則於學道其庶矣乎齊安江淮名郡俗醕朴有古風當邊事繹騷之日遑恤庠序馮君勇不顧身謂忠孝正於多事見興學其可緩諸請記之書歉然不有己功歷敘經始及佐贊皆前任人與長官力噫斯足以見馮君之言近道矣其庶不負二先生之遺訓矣是宜書 蒙齋集

試院

黄州試院宋以前未詳建炎兵燹後秋試多附他邦乾道七年始試於州寓貢闈於庠校三載必一毁撤嘉定二年知州髙得全擇得驛舍遺址創建貢院五十餘楹

樓鑰

黄州貢院記

黄爲東南偏處也大江東下赤壁西峙武昌夏口鼎立相望其在皇朝王蘇二翰林一以州馳名一以坡自命皆千載傑特之偉人竹樓雪堂既壞復葺風流文獻至今增重近時郡太守博士皆不輕其選秀士亦彬然出矣建炎兵燬以來秋試多附他邦乾道七年始試於州而因陋就簡

寓貢闈於庠校三載必一毀撤既非所以作士氣而學宮寖以頹靡州人病之嘉定二年四明高君仲遠承開禧兵戍之餘日不暇給首謁夫子廟嘆其茀葺已甚未遑他務與教授李君宗勉飭而新之廊廡齋舍以次興立而大比又近不可復蹈前轍亟相與謀得驛舍遺址鳩工調度分委僚屬創貢院五十餘楹庀工於二月丙寅訖役於五月己丑重門正廳考試分位左右長廊庖湢吏舍備具嚴整費緡錢五百萬米二百斛悉出於撙節之餘民不知役工不告勞而八十五年之闕典一旦復興父老謂承平殆亦不及士類歡奮氣象振發且請記之仲遠與余有中外之

好相與素厚以書來委且曰去中秋才月餘顧急爲屬筆以慰千里之望余爲之欣然且曰仲遠長余一歲恂恂似不能言與人語如恐傷之月評以長者稱兩乘貳車而後試郡撫字固所長不謂振起事功敏辦如此高氏蓋名家也高宗皇帝中興初駐蹕錢塘始建太學妙選師儒先待郎首爲國子司業豈惟文行經學足以表率士林馳名京師規繩具舉未幾車駕幸學擢貳儀曹至今四海尊仰之仲遠其次子也居家孝友恪守家法故爲政彫郡知所先後士子尚勉進學業以稱使君期待之意使人物聲望與江山相高二翰林有靈實寵嘉之仲遠名得全朝散大夫

云攻媿集

武備志

兵事

宋

王倫起沂州自靑齊歷楚泗眞楊入蘄黃傅永吉自後綴兵驅之賊聞後有兵不敢頓舍比至蘄黃疲斃不能進黨羽稍散永吉追擊盡殺之涑水紀聞

嘉定十四年二月金人治舟於團風弗克濟遂圍黃州分兵破諸縣甯宗紀詔京東忠義都統李全將兵救蘄黃三月金人破黃州淮西提刑知州事何大節棄城遁死同上

咸淳九年命殿前指揮使陳奕總統舟師備鄂州黃州江防

度宗紀

國朝

順治二年英親王阿濟格追流賊李自成下九江徐勇隨左夢庚迎降王令署九江總兵旋調鎮黃州時土賊黃拐子李聚馬等聚掠九江自成餘黨踞黃州東山四十八寨陰結商城固始諸賊煽亂勇授策副將徐啓仁合九江總兵余世忠擊九江土賊遂率兵剿白雲寨賊首王光淑拒戰勇令諸將東西夾擊自簡精銳由中路進剿光淑下馬擒之其黨易道三率衆降移師剿斗方寨擒賊首周從助降

其衆招降劉婆等九十五寨貳臣傳徐勇列傳府志畧異

順治三年五月僞總兵耿應衢周文江寇黄安麻城勇率兵援至搭子山擊敗之追擒文江復與總兵祖可法張應祥會剿降鄒墩大佛寺三十二寨應衢授首同上

沈怡制覆校
沈怡文初校

黄州府志拾遺卷二

黄岡沈致堅卓梧纂輯

職官志

藩封

漢

軑侯吴利前漢書百官公卿表

西陽頃侯東平思王子元延二年四月甲寅封侯償嗣免前漢書王子侯表

三國魏

吴陸監華亭人以功封西陽亭侯萬姓統譜

弋陽王曹彪字朱虎武帝子孫姬生黄初三年封弋陽王太和六年改封魏志宗室傳

晉

西陽侯孔巖字彭祖會稽山陰人世說注引中興書

宋

蕭頤秦始中封西陽縣子

後魏

西陽王直懃蓋戶千獻文帝下書納義陽王昶

北齊

西陽王徐之才初封池陽伯進封西陽王北齊書本傳

齊昌郡王莫多婁敬德北齊封周書武帝紀

北周

西陽公宇文翼明帝武成初封西陽公無子封杞國公亮子溫爲嗣後坐父亮反伏誅周書宗室傳

西陽公宇文道宗宣帝時封爲隋文帝所害同上

齊昌子薛溫周宣帝宣政元年賜爵後子邁改封鍾山縣子北史薛辨傳

陳

隋

西陽子叔穆至德六年封通鑑

齊安郡公李徹由蔡陽縣公進封後改安道郡公 隋書本傳

唐

永安郡公薛萬均 關中金石記大唐左屯衛將軍姜行本勒石□□文

齊安王李佻豐王琪子玄宗天寶中封 新唐書諸王傳

蘄春縣開國伯元武榮 石墨鐫華高宗御製萬年宮銘碑陰題名

宋

齊安郡公趙仲郃 宋文鑑

齊安郡開國侯吳璹 孫氏訪碑錄廣福寺記

蘄春侯趙世宏 宋史太祖諸王表

蘄春侯趙子買 同上

蘄春郡公韓彥直世宗長子光宗時封　宋史韓世宗傳

文秩官表

黃州府

晉

摯瞻　有傳

徐浩　晉書徐邈傳

庾闡

桓冲

周邵

褚裒　俱世說俱西陽王掾

宋

柳世隆　河東解人西陽王撫軍法曹參軍

胡隆世　宋書胡藩傳

劉寅　西陽郡內史見文選任昉奏彈劉整

庾登之　鄢陵人宋書本傳

注

南齊

張冲 吳郡吳人西陽王冠軍司馬

徐勉 東海郯人西陽王國侍郎

陳

陸山才 吳郡吳人西陽太守陳書本傳

隋

元景山 黃州總管隋書源雄傳

唐

元孝節 有傳

全景文 宋書俱西陽太守

沈憲 西陽王冠軍長史

李元裕 高祖子舊唐書

李愔　太宗子唐書列傳

計信卿　舊唐書僖宗本紀

馮光嗣　有傳

辛德本　隴西狄道人

鄭孝廣　以上俱黃州刺史

宋汝　刺史府志撫聞

孫嘉賓　別駕貞元時任全唐文于邵孫常楷神道碑

周延搆　長史徐鉉騎省集周公墓志銘

陸元感　吳郡吳人神龍時任全唐文蘄翰陸府君墓誌銘

李奐　唐書宗室世系表

崔進思

源匡度　鄴郡安陽人

顧浚　鹽官人齊安太守以上俱唐書宰相世系表

劉寀　黃州守唐書崔弘禮傳

盧諭　范陽涿人長史唐書宰相世系表

李可聞　唐書宗室世系表

竇元泰 全唐文蘇頲授竇元泰太子洗馬制

崔環 舊唐書鄭餘慶傳

王呂 貞元三年任徐鉉騎省集王公墓誌銘以上俱司馬

石洪 洛陽人韓昌黎集石君墓誌銘

張紹 全唐文牛僧孺奏張紹妻狀以上俱錄事參軍

五代周

朱元琇 廣順三年任刺史五代史周太祖紀

吳

孫思彥 王元之小畜集永興禪院記

李厚 蔡州人天祐三年任九國志

張訓 清流人天祐七年任十國春秋以上俱刺史

南唐

劉仁贍　淮陰洪澤人任刺史五代史本傳有傳

宋

趙允言　宋史宗室傳

高弼　宋史解暉傳

陳文顗　洪進子

鄧守忠　乾德四年任宋史五行志

衛融　博興人乾德初任宋史北漢世家

裴仁鳳　太平興國七年任宋史五行志

魏丕　相州人端拱初任宋史本傳

趙仲部　宋文鑑以上俱刺史

趙利　禹城人太祖時任學易集趙君墓誌銘

閻象　濟州鉅野人太平興國六年任歐陽文忠集閻公神道碑

張觀　太平興國中任有傳

張九思 鄞州陽谷人太宗時任歐陽文忠集張公墓誌銘

歐陽曄 咸平中任有傳

李溥 眞宗時任宋史本傳

柳植 慶歷四年任有傳

楊懷寶 紹聖中任張耒柯山集

麻溫故 王珪華陽集

張環 仁宗時任宋史本傳涑水紀聞

李玠 紹興二年任

國子虞 咸平二年任有傳

安詠 宣和初任

祖無擇 慶歷四年任續通鑑長編

路京 熙寧九年任

江懋相 元祐時任輿地紀勝

方導 有傳

莫將 宋史云與福州守薛弼兩易

孔彥丹 紹興元年任

李忱 紹興中任有傳

鮑貽遜 紹興三年任

杜湛 紹興七年任以上俱繫年要錄

沈虞卿 紹興十七年任小畜集坿錄

馮舜韶 紹興二十九年任

范濛 紹興三十年月任

林珣 紹興三十年十一月任

馮榮叔 紹興三十二年月任以上俱繫年要錄

楊由義 乾道五年任陸游入蜀記

趙希明 嘉泰時任攻媿集崇憲靖王行狀

寇宏 紹興六年任

曾惇 紹興十二年任能改齋漫錄

范伯奮 紹興二十七年任

沈邦直 紹興三十年月任

李寶 紹興三十年月任

呂大器 紹興三十二年月任

韓彥質 蘄王第三子金石萃編蘄王謚忠武神道碑

高得全 嘉定二年任有傳

夏豈 宋史理宗紀

阮思聰 有傳以上俱知州

潘衢 有傳

陳紹復 乾道五年任陸游入蜀記

劉符 汪應辰文定集

胡銑 紹興十七年任小畜集附録以上俱通判

王傑 紹興十七年任小畜集附録

陳大猷 都昌進士宋彝尊經義考

孔宜 宋史本傳

李壽朋 嘉熙元年任宋史理宗紀

吳瑛 蘄春人

薛季卿 嘉祐時任華陽集

趙伯淮 蒙齋集

葉介 紹興七年任繫年要録

吳卞 元豐間任山谷文集章夫人墓誌銘

李敏功 紹興 年任繫年要録

吳源 宋史趙令嵗傳以上俱判官

宗亞昌 小畜集附録俱推官

許恂 王臨川集許氏世譜

王化 咸平時任續通鑑長編

柳平 至和時任金石萃編澹山巖題名

李洧 宋元學案

朱軾 南豐人以上俱司戶參軍

詹扑 常州人張守毘陵集詹扑墓誌銘

鄭夷逸 丹徒人元祐時任陸佃陶山集鄭公墓表
此人爲黃州司理之首

潘慈明 繫年要錄紹興時任

王志叔 袁甫蒙齋集

盧習 有傳

李彬 紹興時任小畜集附錄以上俱錄事參軍

胡鎮孫 祁門人咸淳時任圖書集成

令狐揆 安陸人王得臣塵史

李儼 紹興時任小畜集附錄以上俱司理參軍

曹粹中 定海人宣和時任宋元學案

朱載上 有傳

梅守卓 紹興時任小畜集附錄

馮預 偃師人紹興時任南淵 甲乙集馮君墓誌

陳塤 嘉定時任 有傳

曾致堯 南豐人咸平五年 任續通鑑長編

孟揚 紹興時任繫 年要錄

興挺 開封人慶元時任 朝野雜記

任守忠 明道二年任續 通鑑長編

謝勳 建安人任首領 萬姓統譜

曾碩 咸平初任從 事有傳

劉卓 巡檢宋史趙 令㦰傳

王柟 永嘉進士 水心集

馮去疾 有傳以上 俱教授

張浚 宋史高 宗紀

范坦 宋史范雍傳以上 俱團練副使

王遠 宋史趙令㦰傳 以上俱都監

丁文燧 咸平初任左都 押衙有傳

孟唐 連州人咸平初任司 馬王元之小畜集

周郁 紹興時任光黃州巡 轄馬遞鋪小畜集附

曹憲 彭城集

晏鉦 有傳

樂京 宋史本傳以上俱鹽稅

元

孟古岱 元史世祖紀

劉復亨 齊和人至元時任劉通傳以上俱宣慰使

保八 周易原旨序以上俱總管

張君佐 至元間任達魯花赤有傳

郭克敬 至元間任巡檢

錄

胥致堯 有傳

呼克圖 中統間任元史舒庫爾傳

伊濟台 元史趙世延傳

陳大猷 判官宋元學案

張玉 至元間鎮黃州有傳

明

趙文煒 萬歷二十七年任

車任重 經歷

黄岡縣

宋

張夢得 元豐間任有傳

馮預 紹興間任主簿韓元吉南澗甲乙集

吳怡 紹聖間任張耒柯山集

錢仲仲 政和初任洪容齋續筆

臧誨 渭南文集程君墓誌以上俱尉

萬淵 元祐間任山谷集

吳慤 紹興時任令鴻慶居士集

司馬遂 慶元間任攻媿集

蘄水縣

宋

錢治 武進人景德二年任有傳

林宗言 景祐二年任有傳

劉跂 元祐間任有傳

王虎臣 紹興間任

陳有方 府志撫聞以上俱令

張炳 任主簿尚友錄

潘鯁 元豐間任俱尉有傳

李嬰 元豐間任府志撫聞

王炎 安陽人宋史楊愿傳

唐傅 嘉定時任水心集宋公墓誌銘

吳怡 紹聖間任丞張耒柯山集

徐九思 慶歷間任崇安縣志

麻城縣

唐

章仇崇節 任縣令全唐文韋述章仇府君神道碑

宋

許安石 襄邑人任縣令陸佃陶山集許侯墓誌銘

句希仲 浚儀進士監岐亭茶鹽酒税王臨川集句公墓誌銘

元

徐任 縣尉新泰縣志

羅田縣

宋

吳仁傑 任縣令 有傳

吳怡 任主簿 有傳

方燦 河南人慶元間任縣學官離騷草木疏跋尾

高應松 長樂人景定間任縣丞昭忠錄

吳世傑 慶元間充縣學講書

蘄州

三國魏

曹洪 蘄春長魏志註引魏書

唐

李勣 舊唐書長孫無忌傳

田琦 雁門人全唐文竇衆迷書賦下注

徐堅 景雲間任有傳

吳兢 開元間任舊唐書本傳

李晛 咸同間任舊唐書懿宗紀

李若水 俱唐書宗室世系表

許欽 中宗時贈刺史舊唐書許紹傳

李象 柳河東集李公墓誌銘以上俱蘄春太守

柳懷素 河東人高祖時任顏魯公集政和公主神道碑

楊志本 大足間任有傳

楊元琰 武后時任有傳

蕭倣 咸同間任全唐文宇文瓚撰敕

李鑑

狄兼謨 有傳以上俱刺史

韋斌 天寶間任南部新書

張泳卒　韓昌黎集張君墓誌銘

柏敬仁　太宗時任李文公集柏公神道碑

盧諭　毘陵集李公墓誌銘以上俱長史

鄭丹　大歷間任錄事參軍全唐詩小傳

李悅　蘄春令唐書宰相世系表

五代梁

馮昻　刺史舊五代史馮行襲傳

五代周

許失名　高陽人貞元間任全唐文歐陽詹右衛副使廳壁記以上別駕

李脩　貞元間任全唐文

李惟可　開元間任司馬護軍全唐文孫逖撰制

楊仲宣　開元間任司戶參軍全唐文楊府君碑文

張失名　有傳蘄春主簿

張靄 崇安人刺史萬姓統譜

李萬超 太原人刺史宋史本傳有傳

習守素 世宗時任兵馬監押有傳

五代吳

石瞻 刺史九國志

五代南唐

李賓 全唐文陳時雍論議

許文稹 同安人保大間任九國志以上俱刺史

趙宣輔 保大間任通判徐鉉騎省集趙君墓誌銘

高越 幽州人保大間任司士參軍陸游南唐書

魏仲甫 判官騎省集

宋

陸藹友 靈邱人

趙仲牧

趙愭 宋史宗室傳

趙從古 華陽集

辛永宗

趙士豢

劉永升 俱紹興間任以上俱防禦使

趙不迂 宋史宗室表

秦亶 開寶六年任

司超 俱宋史本傳乾德間任

趙不陋 俱宋史宗室表

陳敏 石城人孝宗時任

趙瓌 洛陽人高宗時任朝野雜記

郭振

居中

王方 以上均繫年要錄

王青 宋史俱贈防禦使

李夷庚 天聖二年任有傳

王蒙正　景祐三年任

張田　澶淵人英宗時任有傳

張九思　見前

閭邱孝直　元祐五年任

徐君平　元祐六年任

陸師閔　元符二年任

張天覺

楊喚　宣和間任浦城縣志

令狐挺　山陽人西臺集令狐公墓誌銘

張經　慶歷八年任以上俱續通鑑長編

孔宗翰　神宗時任東都事畧

范子京　元祐四年任

莫君陳　元祐間任吳興人

呂希純　元祐六年任

范鍠　元符二年任以上俱續通鑑長編

徐擇之　俱元符間任輿地紀勝

豐誼　有傳

甄釆　建炎三年任

張用　紹興元年任
張旦　紹興八年六月罷
呂延年　紹興十八年任　均繫年要錄
周琳　紹興二十二年任
宋曉　紹興二十八年任
崔邦弼　紹興二十九年十月任
韓彥直　紹興三十一年任　均繫年要錄
趙文鼎　淳熙間任　淳熙集
曹耜　祥符人乾元元年任　攻媿集曹公墓表

宋高　紹興二年任
李允武　紹興八年六月任
郗漸　臨清人紹興二十二年任　鴻慶居士集
高世史　紹興二十五年任
張蘽　紹興二十九年任
方扐　紹興三十年任
黃永存　乾道五年任　螢溪詩話序
鄭嗣宗　嘉泰間任　攻媿集崇憲靖王行狀
王正功　慶元四年任　有傳

楊枕中 義烏人嘉定間任金華府志以上俱知州

周謚 元豐二年任

黄開 休寗人萬姓統譜

向澹 紹興二十九年任繫年要錄

羅頎 鄂州小集以上俱通判

李處一 皇祐五年任判官同上

王揮 高宗時任司理參軍有傳

李思敏 法曹金石萃編王公儀碑文

趙令畯 兵馬鈐轄繫年要錄

楊士達 開寶元年任

利珣 元符二年任以上俱續通鑑長編

方扬 紹興二十七年任

董槐 定遠人端平間任宋史本傳

高鼎 咸平五年任別駕續通鑑長編

束端卿 徽宗時任錄事參軍劉跂學易集

周自强 江山人孝宗時任司法參軍南澗甲乙集

石保興 太宗時任團練使宋史本傳

武繼隆 明道二年任都監續通鑑長編

吳天常　都大監轄柯山集

李仲偃　祥符間任蘄春縣令有傳

舒杲　有傳

賈公亶　開封人西臺集以俱蘄春主簿

張沂　有傳以上俱蘄春尉

謝孚　萬姓統譜以上俱教授

劉湛　有傳

張彥博　王臨川集張君墓誌銘

高世棟　入蜀記

朱筠　青田人蘄春監

郭公美　歐陽修于役志

汪義質　水心集汪公墓誌銘

姚滂　元豐間任山谷文集姚公墓誌銘

楊邦乂　吉水人建炎間任宋史本傳

吳世傑　慶元間任學正離騷草木疏跋尾

吳賁　金谿廕生王臨川集吳錄事墓誌銘

歐陽載　廬陵進士歐陽文忠集歐陽公墓誌銘

施汶　水心集施公墓誌銘

楊忱　王臨川集楊君墓誌銘

元

尚野　滿城人判官元史尚野傳

衛炎　教授

孫克昭　蘄春丞

魯志　蘄春教諭以上俱府志金石

廣濟縣

李守中　建隆間任有傳

邵必　丹陽人歐陽文忠集

吳處仕　元憲集以上俱監稅

野仙普化　郎也先不花蘄春長有傳

邊守誠　蘄春尹

蘇世榮　蘄春主簿

蔡伯敬　蘄州守有傳

張保衡　有傳

胡則　永康進士端拱時任宰

盧　㯹　水心集滕公墓誌銘

麋　溧　慶元間任俱縣令

黃孝先　天聖間任浦城縣志

昌　森　有傳

黃　介　理宗時任有傳以上俱尉

黃梅縣

唐

姚　侑　陝郡人縣令

鄭　益　丞

孫非熊　武邑人以上俱唐書宰相世系表

崔　漪　有傳以上俱尉

宋

潘義方　景德間任尉有傳

文秩官表　十五

元

宮璲任縣丞萊陽縣志

沈寶坤覆校

沈怡經初校

職官志

秩官傳

黄岡縣

晉

摯瞻字景游京兆長安人起家著作郎中朝亂依王敦爲戶曹參軍歷安豐新蔡西陽大守見敦以故壞裘賜老病外部都督瞻諫尊裘雖故不宜於小吏敦曰何爲不可瞻時因醉曰若上服皆可用賜貂裘亦可賜下乎敦曰非余所引如此不堪二千石瞻曰瞻視去西陽如脫屣耳敦反乃左遷隨郡內史世說言語篇注引摯氏世本

周邵字子南庾亮拔爲鎮軍護軍西陽太守與邵書云西陽一郡戶口差實非履道眞純何以鎮其流遁詢之朝野僉曰足下今其上表請足下臨之無讓 世説尤悔篇注引庾亮集

梁

楊思達爲西陽郡守値侯景亂時復旱儉饑民盜田中麥思達遣一部曲守視所得盜者輒截手腕凡戮十餘人部曲後生一男自然無手 顔氏家訓歸心篇

唐

元孝節河南洛陽人唐初任黄州刺史政以禮成名以德舉 崔湜元公碑

馮光嗣任黃州刺史蘇頲稱其忠信立名見推人物自居外郡頗聞政績蘇頲授馮光嗣楊州都督府司馬制

蘄州

唐

楊志本宏農華陽人武后時任蘄州刺史鎮動以德闔郡知方息競以義衆事攸叙貪殘盡去自使乳虎渡江災疫不生即有牽牛入界嚴識元楊志本傳

徐堅字元固馮翊人景雲間任蘄州刺史政不易宜教以閭俗德化歸厚人共由之張九齡徐公神道碑銘

楊元琰虢州閿鄉人初爲平棘令號爲善政職初中累遷安

南副都護歷蘄州刺史前後九度清白升進累降璽書褒美舊唐書循良傳

狄兼謨字汝諧并州太原人第進士任蘄州刺史以治最擢給事中全唐文

張失名任蘄春主簿推經旨以飾吏事本理法以平人心句會敏捷厥聲顯揚同上

黃梅縣

崔淯博陵安平人弱冠以門冑入國學舉進士解褐澤州晉城尉降爲光州安樂尉換蘄州黃梅尉轉河間丞凡吏三尉佐四邑體公綽之不欲勵伯夷之高操臨事以簡馭人

以寬雖爲小政必有可觀故八使巡風再薦淸白張說崔君神道碑

蘄州

五代周

李萬超并州太原人從太祖平淮南連移蘄登二州所至有善政宋史本傳

翟守素字昭儉濟州任城人世宗初平淮甸詔公爲蘄州兵馬監押兼沿江巡檢善修其職小畜集

五代南唐

黃州

劉仁贍字守惠淮陰洪澤人畧通儒術好兵書在澤國甚有

聲望事烈祖歷黃袁二州刺史所至稱治五代史參南唐書

蘄州

高越字冲遠幽州人保大初爲蘄州司士參軍就遷軍事判官與隱士陳曙爲物外交淡然不志榮利南唐書

王承雋保大時知蘄州裨將李福殺之降於周同上

宋

黃州

張九思鄆州陽谷人太平興國五年以舉中高第歷知黃蘄道三州爲人沉樸勤儉官能其職爲政以慈仁厚下爲先人有鬬訟常兩諭之初强不屈化必以禮義柔之卒相服

從願改自爲善故所至人思愛之其爲黃州也飛蝗越州不下州人歌之以爲異歐陽文忠集

張觀字仲賓常州毗陵人在江南登進士第後歸宋太平興國中知黃州有善政宋史本傳

國子虞咸平初知黃州擬修文宣王廟未果而被劾窮鞫不得去王元之稱其爲廉勤吏小畜集

歐陽曄字日華文忠之叔也咸平三年舉進士甲科知黃州臨事明辨有古良吏決獄之術所居人皆愛思之歐陽文忠集

李忱字誠之紹熙中知黃州立二程祠於學宮朱子爲作記稱其勤事愛民朱子大全集

柳植字子春眞州人知黃州平居畏愼寡言笑所至官舍蔬果不輒采家無長物時稱其廉宋史本傳

安詠字信可宣和初守齊安下車訪東坡雪堂遺址復新之王元之在黃作竹樓與無愠齋記信可皆復其舊而以其記龕之於壁曲洧舊聞

方導字夷吾嚴州人祐觀三年知黃州陛辭乞銓擇巡檢以備不虞又論犯茶鹽之禁多妄引仇怨與多藏之家乞不許淹延枝蔓敷奏詳敏上甚悅皆見於施行逾年會言路申七十制君官簿適及即爲納祿計再就祠祿攻媿集

呂大器知黃州有令譽實總督軍清野黃人服之薛季宣集

高得全字仲遠四明人嘉定二年知黄州首謁夫子廟歎其弗葺已甚與教授李君宗勉飭而新之又就驛舍遺址鳩工調度分委僚屬創貢院五十餘楹樓鑰稱其爲政彫郡知所先後確論也攻媿集

阮思聽字仲謀固始人弱冠膂力絶人善騎射喜讀左氏春秋及兵家書積戰功累官吉州團練使知黄州事所至有聲萬姓統譜

潘衢長樂人爲屯田郎治數郡有聲其甥劉彝嘗稱其外家政事雖古之良吏不能遠過嘗通判黄州子孫不能歸遂家焉黄山谷集

盧習字擇善晉陵人紹興二年進士調黃州錄事參軍在黃州喪其配貧窶不能歸或勸用浮圖氏罔維之法憮然而辭曰吾儒者其可爲是 鴻慶居士集

朱載上舒州人官黃州教授東坡居黃州客有誦朱公之詩云官閑無一事胡蝶上階飛東坡稱賞再三遂爲知己 宋詩紀事

陳塤字和仲鄞縣人嘉定十年登進士第調黃州教授喪父毁脊考古禮行之歎曰俗學不足學乃師事慈湖攻苦食淡晝夜不怠 宋元學案

馮去疾任黃州教授重建學校袁甫爲其作記 蒙齋集

丁文璲咸平初任黃州左都押衙承知州王禹偁命督修文廟役月餘而殿成（小畜集）

曾頎字子沅永豐人淳化壬辰進士咸平初任黃州從事書上郡國學贊文刊石鏤板置於文宣王廟之神座（同上）

胥致堯合肥人監黃州商稅年餘課爲最召還在道用祀汾陰恩卒還奉職（歐陽文忠集）

鄧泳字德裁臨川人嘉定十三年進士累官淮西帥幕措置江防佐大帥孟珙解黃州圍功第一（宋元學案）

晏鏜丞相元憲之孫以左班殿直監黃州酒稅樂善好學敏於爲吏職（柯山集）

黄岡縣

張夢得清河人元豐間任黄岡縣令於朝宗門外建快哉亭蘇子由記之（名勝志）

蘄水縣

錢治字良範常州武進人中景德二年甲科知蘄水縣事爲吏長於决獄歷六縣皆有能政（歐陽文忠集）

劉跂字斯立東光人登元豐二年進士元祐間知蘄水縣事有政聲（景迂生集）

潘鯁字昌言黄岡進士任蘄水縣尉民有以花爲獻者君一嗅而還之曰受賜多矣其廉潔類是（柯山集）

林宗言景祐三年以太常博士知蘄水縣事知州王蒙正故入宗言死罪詔殿中侍御史蕭定基往按之定基諭所隨吏蔡顒等曰蒙正必賂汝汝第受之亟告我蒙正果貽顒等直三百萬定基因以正其獄 續通鑑長編

羅田縣

吳仁傑字斗南崑山進士博洽經史講學於朱子之門任羅田令從政之暇訓釋諸書謦引後進以離騷草木疏屬方燦刊於羅田縣庠 宋元學案參離騷草木疏跋尾

吳怡任羅田主簿催科不用鞭箠而辦 聲畫集潘大臨詩注

蘄州

林大年錢塘人介潔自喜英宗時爲侍御史連被臺移出治獄拒不肯行爲中丞唐介所奏降知蘄州卒於官宋史林通傳

李夷庚天聖二年以兵部員外郎直史館知蘄州舊制蘄州鹽麴錢折木炭以供鑄錢夷庚擅令納絹而民貧不能以給轉運使奏至上因問其表所爲王欽若對曰夷庚前守數郡多不法在蘄益甚故責之續通鑑長編

張田字公載澶淵進士知蘄州治有善蹟蘇軾嘗讀其書以侔古廉吏宋史本傳

豐誼字叔賈一字宜之清海公稷之曾孫也以父死難被任知蘄州有惠政宋元學案

王政功字承甫鄞縣人慶元四年知蘄州自私錢之廢淮民多饑鮮有蓋藏遇淫雨至市絕無糴君視事急發廩而損其值且多邀米商許以蠲征舳艫幅湊又念歲收纔能自給而巨商率先以他貨來售未始登塲厚取其贏君以爲遏糴固非古訓而坐視民食之空咎將誰執請於朝乞禁止商販許之民相謂曰使君通變如此自爾有足食之望矣有言銀礦發於山者君欲遏之而未得其說耆老訴云往歲嘗有此事官不熟計而遽行之非徒無益治戶以虧額坐深文鬻産以償者數百家痛猶未定也君爲奏罷之佛燈大師者自稱戚里挾權要書走州縣攫取無藝人病

其擾莫敢詰君出郊有訴者立捕之寮佐勸止不聽比至一黥隸爾致之法攻媿集

秦亶開寶六年知蘄州坐盜鹽麴額外錢決杖除名續通鑑長編

徐㮚理宗時知蘄州嘉熙元年詔賞蘄州都統制萬文勝知州徐㮚守城之功將士在行間者論功補官有差宋史理宗紀

楊士達開寶元年爲監察御史棄市坐通判蘄州日鞫獄濫殺人也續通鑑長編

范應鈴字旂叟豐城進士通判蘄州應鈴所至無留訟無滯獄繩吏不少貸亦未嘗沒其貲徐鹿卿謂其決獄以雋不疑治民似龔遂人以爲名言宋史本傳

趙良規字元甫洛陽進士蘄州通判良規所至州郡爲政不甚力然善委任佐屬宋史趙安仁傳

王揮字時雍下邑進士靖康時任蘄州司理參軍巴口戍兵拒李成寇積多或告殺人冒級賞公疑爲讞獄用得其情全活數十計澒語集

李仲偃字晉卿祥符間進士知蘄州蘄春縣兼監洗馬茶場從三司之舉也會議茶變法商賈輟行踰期不得代書任者四期胡宿文恭集

舒杲字彥升信州永豐進士紹熙初主蘄春簿時葉適知州事謂州縣吏能寬刑審慮以善道佐余者惟舒君其推重

如此爲民增陂池九百餘種稻十萬斛水心集

張沂字樂道漢陽人用父蔭試將作監主簿任蘄春尉白晝大盜剽掠居民前人所不能禁選健士行詭道出之不意捕全顆著二十三人朝廷著令獲七人者遷其官君之所獲再倍其數而不得遷者六親乎矢石人皆以此惜之漢陽縣集

劉洸建隆三年以監察御史遷膳部郎中奉詔榷茶於蘄春歲入增倍遷拜越級非舊典也續通鑒長編

廣濟縣

李守中建隆三年知廣濟縣坐贓決杖配海門島續通鑒長編

麋溧字子長吳縣進士嘉定七年知廣濟縣學問充實操守清介臨政勤敏有循吏之風吳縣志

張保衡慶歷時任廣濟縣令以課異洊陞大理寺丞景文集

昌森字元秀涇人授廣濟縣尉以捕盜改秩知固始縣萬姓統譜

黃介字剛中分甯人意氣卓越習兵法夏貴辟充廣濟簿尉平反死四尹不能抗宋史忠義傳

黃梅縣

潘義方景德四年爲黃梅尉坐獲刼盜云嘗以贓物寄賣酒朱凝家即逮凝至遣獄卒以牛革巾溼而蒙其首燥則愈急凝不堪痛楚即自誣受贓法寺當贖金九斤詔特勒停

仍申儆中外應有非法訊囚之具一切毁棄提點刑獄司察之續通鑒長編

黄州府

元

張君佐至元十四年賊寇黄州行省命君佐率衆復黄州因以爲達魯花赤元史張榮傳

張玉至元十六年討吉安賊有功加輔國上將軍都元帥鎮黄州改立蘄黄等路都元帥府仍管領本道鎮守軍馬元史張榮實傳

黄岡縣

郭克敬新昌人有勇略元末與毛忠吾等同舉義兵克復州治元統兵官奏保爲黃岡巡檢新昌縣志

蘄州

野仙普化任蘄春縣長始至官修農桑水利之政平訟獄卹災傷無所不用其情其興學之績爲最大危素說學齋稿

蔡伯敬吳縣人元末爲蘄州守死於難安慶府志

黃州府

明

任轍巴縣人嘉靖初進士守黃州採木之役曲爲調停民困以蘇重慶府志

吳叔度桐城人萬歷間進士守黃州盜起黃梅單騎往諭即散安慶府志

史纘烈字武璵金壇人天啟壬戌進士授山陰知縣歷陞黃州知府時流寇欲下黃取道渡江纘烈出私帑置火器及守具築墩臺分兵據要害日爲牛酒饗士賊不得渡江南通志

龍儀字希文萬載人永樂時進士任黃州同知有善政江西通志

印寶字廷用六合人成化庚子舉人任黃州同知有治事才六合縣志

胡士容字易礎桐城人萬歷間舉人除黃州詰戎榷稅兼攝郡邑率多善政以卓異拜姚安太守安慶府志

劉容字汝大嘉定間通判黃州單車赴任布袍蔬食不殊寒士風廉平之譽孚於上下黠吏悍卒相戒斂戢時景王樞回京中使僕從橫甚兩臺以下凜凜懼獲譴容力任之中貴人素聞其名持其青袍歎息嚴諭其下無所擾撫臺徐君謂所屬曰吾儕嫉閹宦如仇畏之如虎每每激而取禍覩劉別駕良愧矣_{獻徵錄}

戎洵字君實鄞縣人宣德九年鄉貢授黃州推官秉法不阿豪强斂迹屢出冤獄郡中翕然誦神明焉持身潔介屏絕一切賂遺在任七年卒於官貧不能斂含黃人醵金賻之歸 鄞縣志

黄岡縣

徐調元字爾贊崇禎十年進士授黄岡知縣時流賊勢方熾城中無兵調元募壯勇固守賊攻圍一月遁去無錫縣志

蘄州

桂宗儒字文藪慈谿人膺貢與修永樂大典書成授蘄州同知蒞官有政績然性直不能迎合監司詿其考曰學優政短還之吏部請改卑秩萬姓統譜

沈怡度覆校

沈怡鎔初校

黄州府志拾遺卷三

黄岡沈致堅卓梧纂輯

選舉志

科貢表

進士

黄岡縣

唐

周萬 開元朝進士有傳

宋

孫賁 太子中允有傳

潘純 元豐己未科有傳

潘匪　潘原

潘祖述 吉水尉以上三人俱顯弟山谷集

蘄州

宋

吳安節　吳讓夷

吳遵路 俱見宋史　吳升

吳弈 俱吳瑛子張耒柯山集

舉人

黃剛

孫賁 解元進士　潘萃

潘鯁 進士

潘原 進士

蘄州

吳安節 進士

吳遵路 進士

吳弈 進士

薦辟

明

蘄水縣

王應 洪武十四年以孝義舉官布政司參議

潘匯 進士

潘祖述 進士

吳讓夷 進士

吳升 進士

林敏功

王懃 洪武二十六年以孝義舉官右庶子

人物志

文苑

黃岡縣

唐

周萬永安黃岡人宣州刺史擇從之子開元末登第有送沈芳謁李觀察求仕進詩 唐書宰相世系表 參全唐詩小傳

宋

潘鯁字昌言黃岡人登元豐己未進士第生而儁警絕人爲兒時賦詩己有奇語從周希孟學希孟以爲盡己之道居

鄉里以經教授聚徒常百餘人後進皆師尊之初調蘄水縣尉遷和州防禦推官知江州瑞昌縣監楚州都鹽倉遷吉州軍事推官皆有善政改宣德郎監漢陽軍酒稅遂以奉議郎致仕著有集三十卷春秋斷義十二卷講義十五卷易要義三卷柯山集

何迂叟字次仲黃州人有游赤壁和答韓子蒼詩宋詩紀事

潘大觀字仲達從張文潛游稱其力學有文蘇詩百家注姓氏參柯山集

孫賁字公素黃州人仁宗時懷寧縣主簿陳肱考試黃州進士得公素程文讀之春卽擢爲第一明年登進士甲科名在第八藉藉爲聞人歷官太子中允以朝散郎知邵州知

制誥王珪稱其健於爲吏幹譽頗著後肱死公素厚卹其家以其弟員娶肱之孤女肱之得歸葬其鄉皆公素力（祠部集陳君墓表 參華陽集）

按府志僅據蘇東坡書韓魏公黄州詩後爲孫貢立傳茲爲補綴幷坿錄詩制跋數首於此以備參攷

黄庭堅詩謝公定和二范秋懷五首邀予同作其一云往日孫陽翟（宋任淵注云張方回家本有山谷自注云孫貢字公素）才可任遺補擊强如摧枯食蘗不知苦屬者缺諫垣時論或未許儻可假一邦使民作鄒魯（山谷內集詩註）

任淵注云山谷詩云修水集有山谷跋孫公素十詩云世

笑予詩論公素不實曰公素能擊强則請聞命至於使民作鄒魯則不知也予告之曰公素之擊强亦以其害善良奪長吏之柄耶將不及問皂白并擊無罪爾然則以今之偷一切以規自免萬事决於老吏之口者爲能使民作鄒魯耶○强至詩孫公素中允將往相臺謁韓魏公貽詩爲別因以酬送（自注公時新改京兆節旄）紫宸班退聽宣麻鎮鄴司徒換將牙到日玳筵公定喜當年珠履客尤嘉（自注公頃鎮北門公素實從辟）賦鶩闔座爭觀禰樂重當時合姓車入夏後園聞更好繞池十丈看荷花又依韻和酬孫公素中允寫懷見貽車馬門前住罕逢春坊內允獨相從須垂素髮驚潘岳（自注公素以予

駭其早白來詩有霜毛初出之句器負靑雲愛仲容身世百年今有愧功名萬事近尤慵不緣婚嫁須微祿已拂紅塵就赤松又送孫公素機宜書記赴太原劉龍圖之辟夕樓淸嘯郤妖氛越石并州晉史云威望裔孫行破敵美名才子去從軍關榆礙馬陰初合塞草迎人綠自薰幕下淸吟消日月樽前壯畧起風雲尋常喜論兵民策尺寸羞銘將吏勳頃歲金門同獻賦自注公素實劉公同年進士平時玉帳暫論文早傳尺素頻來魏莫待飛鴻晚過汾誰問何官一書記十年閫制自當分祠部集

王珪朝散郎孫賁可知邵州制湖湘之南蠻獠雜居乃或

不虞邊圉肆爲侵暴夫豈足勞吾翦薙也莫若擇良守就而撫之震聾其姦猾存育其柔服斯無事矣以某健於爲吏幹譽頗著付之連城其思遠畧不孤寵命（華陽集）

蘄州

張師尹州學生慶元時同杜醇校對離草木疏（宋本離騷草木疏跋尾）

吳億字大年蘄春人父擇仁爲尚書世傳其樓雪初消詞爲建康帥晁謙之作著有溪園集（書錄題解參宋詩紀事）

按吳億溪園集府志己著錄

李之翰字周翰朱子門人隱居中洲講性命之學葉適知蘄州與之交最篤張南軒與朱子書論其文（宋元學案參儒林宗派及水心集）

羅田

杜醞羅田縣學長慶元庚申校正離騷草木疏刊於羅田縣庠宋本離騷草木疏跋尾

人物志

宦蹟

唐

黃岡縣

周法明陳車騎將軍炅子年十二任州刺史陳滅臣隋爲趙之眞定令隋亂歸黃岡起兵取蘄安沔黃武德中籍四州地請命授總管蘄安十六州軍事光祿大夫封國於道太

宗命虞世南銘書墓碑樊川文集

按唐書高宗本紀煬帝南游江都天下盜起周法明據永安又舊唐書李密傳永安大族周法明舉江黃之地以附密又高祖本紀武德四年周法明降又舊唐書蕭銑傳命黃州總管周法明趣夏口道以圖銑又高祖本紀六年張善安襲殺黃州總管周法明按永安黃岡周氏官階可考者謹附錄焉孝節嘉州刺史紹範左屯衛大將軍譙敬公道務左驍衛將軍駙馬都尉譙襄公惲梁令譒給事中伯瑜楚州刺史勵言少府少監汝南恭男沛左拾遺擇從宣州刺史先義左金吾將軍先孝左羽林軍長上頑左驍衛

兵曹參軍寬饒崇文館校書郎咸喜京北府參軍

宋

黃岡縣

吳伸黃州布衣輿地紀勝作蘄州布衣紹興二年上書請滅劉豫凡六千餘言詔赴都堂審察授將仕郎既而久不用至十九年以右迪功郎爲大理司直二十三年以大理寺主簿淼差簽書保甯軍節度判官廳公事二十五年以右宣教郎通判臨安府二十七年二月戊午右宣教郎通判臨安府吳伸責監郴州酒稅先是御史中丞湯鵬舉論伸初實無官因權臣與其父有鄉黨之親委曲爲地遂玷仕籍故有是

命三十三年七月癸丑大理主簿吳仲面對乞諸縣鎮寨土兵不得假借及私役差出以妨教閱從之繫年要錄

徐敏子理宗端平元年趙葵建收復三京之議檄鈐轄范用等提兵萬三千命淮西制置司機宜文字徐敏子爲監軍先令西上又命楊義以萬三千軍繼之各給五日糧秋七月徐敏子啟行遣和州甯淮軍正將張迪以二百人趨洛陽迪至城下城中寂然無應者至晚有民庶三百餘家登城投降迪與敏子遂率師入城蒙古聞之復引兵南下敏子入洛之明日軍食已竭乃采蒿和麪作餅而食之楊義至洛東三十里爲蒙古所敗師遂大潰八月蒙古兵至城

下敏子與戰勝負相當士卒乏糧因殺馬而食敏子等不能留乃班師九月趙范以入洛之師敗績上表言楊義一軍之敗由敏子等怠於赴援詔敏子削三秩放罷宋史理宗本紀參續資治通鑑

按徐敏子宋史不爲立傳理宗本紀淳祐四年監察御史胡清獻劾淮西提刑徐敏子三罪詔削兩秩送江州居住五年詔嚴贓吏法仍命有司舉行徐敏子等納宥之罪準淳熙故事寶祐五年詔徐敏子嚴防邕宜六年給事中張鎮言徐敏子曩帥廣右嗜殺黷貨流毒桂府詔仍舊羈管隆興府據此籍貫無考惟金石續編載廣西臨桂縣伏波

巖有徐敏子題名云黃岡徐敏子銜命措度南州館轂巖側客四明戴炎長沙韓夢發寶婺周翦星渚馮弼外孫上饒尤日新侍時淳祐丙午仲春下澣

蘄州

吳遵路字安道第進士累官至殿中丞爲祕閣校理章獻太后稱制政事得失下莫敢言遵路條奏十餘事語皆切直忤太后意出知常州嘗豫市米吳中以備歲儉已而果大乏食民賴以濟自他州流至者亦全十八九累遷尚書司封員外郎權開封府推官改三司鹽鐵判官加直史館爲淮南轉運副使會罷江淮發運使遂兼發運司事嘗於眞

楚蔡州高郵軍置斗門十九以畜泄水利又廣屬郡常平邑倉儲蓄至二百萬以待凶歲凡所規畫後皆便之遷工部郎中坐失按蘄州王蒙正故入部吏死罪降知洪州徙廣州辭不行是時發運司既復置使乃以爲發運使未至召修起居注元昊返建請復民兵除天章閣待制河東路計置糧草授詔料揀河東鄉民可爲兵者諸路視以爲法進兵部郎中權知開封府馭吏嚴肅屬縣無追逮時宋庠鄭戩葉清臣皆宰相呂夷簡所不悅遵路與三人雅相厚善夷簡忌之出知宣州上禦戎要略邊防雜事二十篇徙陝西都轉運使遷龍圖閣直學士知永興軍被病猶決事

不輟手自作奏及卒仁宗聞而悼之詔遣官護喪還京師遵路幼聰敏既長博學知大體母喪廬墓疏食終制性夷雅慎重寡言笑善筆札其爲政簡易不爲聲威立朝敢言無所阿倚平居廉儉無他好既沒室無長物其友范仲淹分奉賙其家宋史本傳

按吳遵路府志選舉志薦辟中已列其名人物志中無傳

按張耒柯山集吳瑛墓誌銘曾祖韓文大理司直祖韓敘宋史作淑尚書職方員外郎祕閣校理贈尚書右丞父遵路龍圖學士贈大尉其銘曰吳公出延陵以國爲氏而始居京師者自司直君老於蘄令其子孫遂家蘄春據此遵路之

祖己居蘄故宋史本傳亦未詳遷路爲丹陽人也

廣濟縣

余晦玠子理宗寶祐元年夏五月詔玠還闕六月以知鄂州余晦爲司農卿四川宣諭使秋七月玠卒以晦權刑部侍郎四川安撫制置使知重慶府兼四川總領財賦二年春二月以晦兼四川屯田使紫金山蜀之要地晦遣都統甘潤以兵數萬城之夏六月帝召晦還宋史理宗本紀參續資治通鑑綱目

按余晦帥蜀屢敗邊事日急宋史不爲立傳理宗本紀寶祐二年十月追削余玠資政殿學士奪其子晦刑部侍郎告身

余如孫玠子取當如孫仲謀之義遭論改師忠侍御史吳燧等論玠聚歛罔利七罪玠死其子如孫盡籍帑庾之積以歸詔簿錄玠家財以犒師賑邊如孫遂認錢三千萬償之累年始足歷大理寺丞爲賈似道所殺理宗本紀參玠傳及宋史紀事本末

人物志

孝友

唐

黄岡縣

周寬饒墀子官崇文館校書郎弟咸喜京兆參軍皆孝謹有文學樊川集

宋

黄岡縣

潘懿洲老子政和初既免喪謁張文潛於宛邱出其父文章若干卷求爲序柯山集

蘄水縣

龐環安常子及弟琪皆篤孝修飾柯山集

蘄州

馮燕進士本儒家都大坑冶司抑爲鑪户誅求日增燕妻以憂死其女繼之弟大聲因赴愬死於道路燕知不免毒其二子一妾舉火自經而死寶慶五年臣僚因積陰霖霪歷

夏徂秋疑必有致咎之徵以燕冤上聞詔都大坑治魏峴罷職宋史理宗本紀

明

蘄水縣

王覺壽子承父志同居無間言洪武十四年太祖既擢用義門鄭湜因令湜舉所知以應詔擢布政司參議二十六年簡東官又擢應從弟勲右庶子義門王氏之名遂與鄭氏並明外史鄭廉傳

人物志

隱逸

宋

黄岡縣

潘萃（張耒柯山集作革）字信夫嘗舉進士不能受有司繩墨因棄去當以父任得官又推與其弟獨浮沉酒間與人無貴賤皆去畦畛赴人急難不遺餘力人或怒駡從而謝之傾倒不留纖介昆弟破散父時貲產至無一錢不以爲言其處憂患如舟人安於水未嘗險焉卒年七十二（山谷別集）

人物志

藝術

宋

黃岡縣

吳官有麥煎散蘇軾謂此方甚多獨吳君方如希世之至珍其效可知蘇沈良方

欒某仲實之父也張耒跋龐安常傷寒論稱其爲醫得龐君之妙柯山集

蘄水縣

龐之慶號高醫年老且病授脉訣於子安常柯山集

黃梅縣

周先生者異人也江州祁居之尹和靖之高弟嘗患鼻中時有碎骨出周云乃飲甘棠湖水所中以生薑爲末服及一

秤則此病自愈已而果然問之云水有屍氣觸其骨飲此水爲氣所薰鼻先聞之所以有此病惟生薑性烈可以入鼻久之乃能蕩滌諸穢其他異事甚多更無取於人文定集

人物志

流寓

宋

黃岡縣

丁寶臣字元珍晉陵進士知端州坐海賊儂智高陷城失守奪一官徙置黃州歐陽文忠集

吳居厚哲宗元祐八年任京東路轉運使御史言苛刻責授

成州團練副使黃州安置續通鑑長編

王岐爲殿中丞神宗熙甯六年勒停送黃州編管坐繼母李爲女納采督岐取嫁錢岐不肯與故也同上

張從惠神宗元豐三年送黃州編管同上

許安世襄邑人治平四年進士爲都官員外郎卒於黃州宋詩紀事

朱彧字無彧僑寓黃州名其所居曰萍洲老圃著有萍洲可談紀齊安軼事數則萍洲可談

蘄州

南唐

陳覺海臨人保大五年四月詔卽軍中斬覺已而復詔械覺還都既至貸死流蘄州逾年復起任事 陸游南唐書

宋

宋喬年字仙民宰相庠之孫也崇甯中知河南府毛注吳執中交擊之貶保靜軍節度副使蘄州安置 宋史本傳

人物志

烈女

宋

蘄州

蘄州女子未詳其姓眞宗大中祥符七年上謂宰相曰朕意

有蘄州女子詣闕爲父訴田遂致被杖其實千里而來不爲田而爲父也續通鑑長編

沈怡經覆校

沈怡緯初校

黄州府志拾遺卷四

黄岡沈致堅卓梧纂輯

藝文志

子部

宋

蘄州

禦戎要略　邊防雜事蘄州吴遵路撰宋史本傳

明

草廬經略□□黄之瑞撰

粵雅堂叢書中有草廬經略一種舊題無名氏撰據陶月

波明經辛丑三月由　行在函寄云頃在厝梅君京卿
處見有抄稾題云湖北黃州府黃之瑞著述存身齋主人
骨仙删定骨仙類陽人也有印章曰楳谷爲康熙壬戌抄
本序云今年冬於友人笥中偶得草廬經略一書明季楚
中黃君所輯詢所自來云奉先某公爲中丞於楚此君以
書干幕下得之某公之後云其書較叢書多輿地十五篇
圖不精而談各行省形勢要害則甚詳

集部

宋

黃岡

潘大臨文集

張耒序曰士有聞道於達者一會其意渙然不疑師其道治其言終身守之而不變甚者或因是以取謗罵悔吝而不悔其心視世之樂無足以易之者亦可謂有志之狷士矣彼其心以爲不有得於今必有知於後故甘心而不辭夫既已盡棄世俗目前之所樂而獨待夫寂寥不可知之後世則亦可悲矣予友潘大臨字邠老其人也邠老故閩人後家黄州崇寧中予以罪謫黄州與邠老爲鄰邠老少學爲人則已不能合其鄉人衆不悦之邠老獨與當世知名士遊往往屏輩行與之交嘗舉於有司與千百人偕進

借退無知其才而力振之於困者後予蒙恩去黄居於淮陰聞邵老客死蘄春予爲之太息出湖政和之初邵之子戆既免喪拜予于宛邱出其先人之文章若干卷求予爲序予知邵老爲詳義不得辭而自視亦世之窮士也其勢力曷足振邵老於無聞未必不奪邵老之文而并棄之也而邵老死生之不遇如此柯山集

吐金集黄岡吳伸撰

按繫年要錄徽猷閣直學士提舉亳州明道宫劉岑降充徽猷待制初右廸功郎吳伸之上書請滅劉豫也岑爲秘書少監以書譽之至是有刻吐金集本者實伸所上疏而

岑書在焉秦檜奏仲書有斥聖躬之語不可傳播恐流入
外境乃命臨安府拘收岑坐降職

蘄州

吳德仁詩卷蘄州吳瑮撰

按吳德仁詩不著錄惟張耒柯山集有題吳德仁詩卷云陶元亮雖嗜酒家貧不能常飲而況必飲美酒乎其所與飲多田野樵漁之人班坐林間所以奉身而悅口腹者蓋略矣白樂天亦嗜酒其家釀黃醅者蓋善酒也又每飲必有絲竹童妓之奉洛陽山水風物甲天下其所與游如裴度劉禹錫之徒皆一時名士也夫欲爲元亮則窘陋而難

安欲爲樂天則備足而難成德仁居二人之間眞率僅似陶而奉養略如白至其放達則兼有之豈非賢哉

坿錄

古黃遺蹟集一卷明黃州知府盧濬編

是編輯黃州古蹟題詠大旨以詩賦爲主節錄四庫全書總目

集部 文 外集文 詩 外籍詩

唐

黃岡縣

周墀傳詳府志

賀王僕射詩序

僕射十一叔以文學德行當代推高在長慶之間春闈主貢采摭孤進至今稱之近者朝廷以文柄重難將抑浮華詳明典實繇是復委前務三領貢籍乞今二十二年于茲亦搢紳儒林罕有如此之盛況新榜既至衆口稱公墀忝沐深恩喜陪諸彥因成七言四韻詩一首輒敢寄獻用導下情兼呈新及第進士

國學官事書

國學官郭彪之太原人幼即攻儒家書後得大通周公孔子旨奧又能明百家流落之言樂苦躬自養不愛苟受祿宰相聞以東國學風醨久學者不得官其中皆以豪人使授業者

迷經顓業者墮心元和七年詔彪之爲國學助教彪之承詔而來拜祭酒司業已卽詣學乃家於學焉役馬一疋左右勞一二人大筬一給用生具以實其間彪之身修而貌古性不合俗尙首冠獸皮服用麻衣褎制襴袖闊帶高蹻履大屣至如禮公卿大夫亦是好飲流水茹野蔬與松柏之英不苟味膳又樂飲酒人有見者必置酒於前始飲卽周告四座曰酒以龢神熙性節之則經縱之則撓固不可爲俗主酌挹授之禮命飲者自厭欲彪之盈飲三爵而罷每凌爽詣論堂坐高牀召七學諸生居不施廣裀長席俾鄰臂而坐澄震聲音分析典訓至於一詞閒咸以俗理相諭了入於諸生心胸中使

蒙者縱歷千萬日亦不失其來由是得諸生每歲累及薦擢於有司彪之祿給矜孤餘卽謀買居於山泉間蔽掩其光明嗟乎時畏奪祿分隣者衆矣不然何不聞斯人於天子左右必翼颺君德倣治古道使今之時舊爲虞夏商周之風賢者昌不肖者藏公侯康而百姓康噫公侯卿大夫默於明者又無由得通九重閨徹天子聰明彪之內樂遺闇於上以得安性埠元和十年德彪之道於國學仰其風嘉國學得其官又憤遺斯人於盡諫位因書其事作國學官書

旱辭

元和九年旱不周纖斗位置午祝融權威焦金爍石火雲緝

馳雄獸遁足棲鳥不飛太陰庭薄雨龍慵癡有泉涸源有木折枝有地文裂有草戕萎炎光鬱洞太陽赫曦田莫可牛稼莫可鎡瞻彼雲漢萬民莫綏秋既罷矣奚療民饑行者燔趾居者烌肥迺命長吏分土之師曝巫於日徙地而市偶泥而龍歌鐘彈吹誕搜祠廟牲醴繁祀威巫虔祈以期是擬期而不應管巫不媚萬民首仰日瞻其尚渾碧萬里光蒸交盪於戲天胡不降原野煌烈極目一狀民罕求穀殍莫求葬拒饑而憊因燠而瘴持頤訴天急睫而望於戲天胡不降汝南周子宇靡其間土靡其廛不稼不穡焉就口食祇寺蚤暮暇惟滂滁天既不蒙我憂孔益徙市曝巫揮時紛徙俗宜此尚天

其知乎汝南周子稽首謂曰大凡天地陽壯春夏陰結凝沍當陽之盛陰難施雨過而不時陰陽失序帝心既憂吏民亦苦命太史兆何失其所昔漢宣帝遭潤旱暵憂惟不寧退避正殿公卿大夫省宰損膳以禳民災以拯大難爲今效昔冀慰民患無時蒸庶蒼傍渙亂於戲胡不爲滂荒燹之境不勞旻蒼施惠中國以綏天子邦

宋

吳伸 黃州布衣輿地覽勝作蘄州人傳詳宦蹟

上高宗皇帝書 紹興二年

臣竊觀陛下有孝悌之大德而二帝之問不通敵國之陵不

己土地之封日削國用之富不饒盗賊之鋒未戢此五者其故何哉臣竊謂今兩國之難未解鼎峙之形已分使者雖數十輩金帛雖數十萬能免僞齊之盗乎此遣使之無益明矣陛下忍小耻太過示小敵太怯視疆場太輕任藩屏太易寄託非人而土地之産多曠姑息太厚而殺戮之威不張此五者雖國家之急務然猶未足爲陛下之輕重臣復見國勢如累卵之危生靈有塗炭之厄臣曉夕爲之寒心不識陛下欲復祖宗之故業乎止欲爲東晉之南據乎臣竊謂復祖宗之故業則陛下有萬世垂統之基若止如東晉之南據則不過有百年之世祚然尚恐土地日削社稷日危亦未必安於百

也說者必曰朝廷賴僞齊以爲藩籬以捍金人臣竊爲不然
外敵之患患在手足中國之患患在腹心不識僞齊今不爲
盜能保其子不爲盜乎能保其孫不爲盜乎不識僞齊俟金
人既定之後去僭僞之大號還土地之故疆乎爲復割據中
原久假而不歸乎若曰臣無伐君則武王何爲而并天下若
曰國可并立則隋高何爲而滅叔寶縱使劉豫止欲割據豈
不爲奸雄開基又況自古南北雌雄之勢但見以北并南未
聞以南并北者也臣竊聞立國之所以重者三太學本籠絡
天下之英雄今悉能去而劉豫乃爲學校以延多士今諸軍
士卒皆河北山東入邇來如劉光世軍中一月之糧或闕其

半各懷去心而豫大張形勢廣示富饒省刑薄斂彼思鄉之人聞此豈不動心南北往來商賈如織厚增其利售我物貨關市無征阜通無禁朝廷事無巨細往往皆前期而知此無他從商賈之便者然也誘陛下之英賢則謀謨可得而策誘陛下之士卒則戰鬪可得而用誘陛下之行旅則國之虛實可得而知矣凡此三者悉有離心則陛下國勢日以孤危臣又聞金人重兵悉趨陝西志在吞蜀萬一不幸蜀有變動彼將順流而下水陸並進則陛下豈可復有乘桴之行乎僞齊有實無聲若即伐之如摧枯拉朽爾不亟平之非特爲子孫患臣恐爲陛下憂也臣觀東南之地本非帝王之都歷考古

今未有卜世之久者況吳越之地形勢尤薄萬一未復神京而建康古都亦可暫駐鑾輿無久居於海隅也臣觀自古帝王之興兵權未嘗輕假於人今陛下親御之衆不如藩鎮之多臣竊憂之願陛下簡治甲兵躬行天罰若猶豫不斷金人得蜀必復立僭僞割據國陛下土地止有東南因循苟安恐成大禍願陛下以歸命侯長城公之言爲戒也臣又見近日沿邊州軍多用武臣爲守或起於卒伍或招於賊徒毒心不改謀逆猶存近置安撫大使正如唐之節鎮文臣爲之則不知兵者有焉武臣爲之則貪汚實謀者有焉設有寇至皆是提重兵以自衛臣竊觀唐以同姓之親而昌唐任異姓之

權而亡爲陛下計莫若以沿邊之郡十州之地建一諸侯以同姓之親者主之且耕且戰足爲屏翰金枝玉葉布在四方足以伐敵國之謀絶窺臣之望臣前言願陛下伐齊者策之上也不得已而建諸侯者策之次也舍此二者復有秘策當俟對天顔而後面陳非紙筆得以盡也臣竊見酈食其與唐儉爲死間事與今日頗相契合陛下以臣言可采臣願爲食其唐儉出使僞齊謀諭將定陛下興師從而伐之臣雖遭鼎鑊之烹猶生之年也臣竊自料臣死有三陛下怒臣狂愚之言而殺之通衢臣亦死用臣狂愚之言而遣之死間臣亦死陛下不聽臣言他日或如王蠋自經於木枝臣亦死有此三

者必死之道臣願爲聖朱之鬼不忍爲異國覊旅之民也仲書

六千餘言其大旨

如此繫年要錄

唐外籍文

杜牧傳詳府志秩官

祭城隍神祈雨文

下土之人天實有之五穀豐實寒暑合節天實生之也苗房甲而水涇之苗秀好而旱莠之饑即必死天實殺之也天實有人生之孰敢言天之仁殺之孰敢言天之不仁刺史吏也三歲一交如彼館廬敢有其寶玉如彼傳舍敢治其居室束海孝婦吏冤殺之天實冤之殺吏可也東海之人於婦何辜

而三年旱之刺史性愚治或不至厲其身可也絶其命可也吉福殃惡止當其身胡爲降旱毒彼百姓謹書誠懇本之於天神能格天爲我申聞

第二文

牧爲刺史凡十六月未嘗爲吏不知吏道黄境隣蔡治出武夫僅五十年令行一切後有文吏未盡削除伏臘節序牲醪離須吏僅百輩公取於民里胥因緣侵竊十倍簡料民費半於公租刺史知之悉皆除去鄉正村長强爲之名豪者尸之得縱强敢三萬戸中多五百人刺史知之亦悉除去繭絲之租兩耗其二銖税穀之賦斗耗其一升刺史知之亦悉除去

直項者皆而出之吏良者勉而進之民物吏錢交手於市小大之獄面盡其詞棄於市者必守定令人戶不多風俗不離刺史年少事得躬親苗抉其根莢苗去其莠莠不侵不蠹生活自如公庭晝日不聞人聲刺史雖愚亦曰無過縱使有過力短不及恕亦可也殺亦可也穉老孤窮指苗燃鼎將穗秀矣忍令萎死以絕民命古先聖哲一皆稱天舉動行止如天在旁以爲天道仁卽福之惡卽殺之孤窮卽憐之無過卽遂之今旱已久恐無秋成謹具刺史之所爲下人之將絕再告於神神其如何　樊川集

宋

王禹偁 傳詳府志秩官

黃州謝上表

臣某言伏奉去年十二月二十九日勅落知制誥差知黃州軍州事者逼於日限尋卽朝辭自後以改葬先臣蒙恩給假幸獲親於遠日免積恨於終天墳杵未停征輪靡暨已於今月二十七日到州上訖乍離近侍猶忝專城循省尤違彌深感泣伏以黃州地連雲夢城倚大江唐時版籍二萬家稅錢三萬貫今人戶不滿一萬稅錢止及六千雖久樂昇平尚未臻富庶永言養活亦藉循良如臣庸愚曷副憂寄謹當勤求人瘼遵奉詔條窒塞囂訟之民束縛憸猾之吏敢言課最庶

免曠遺況當求理之朝必爲無害之政伏念叨司帝誥又歷周星既不曾上殿求見天顏又不曾拜章論列時事入直則閉閣待制退朝則杜門讀書雖每日起居實經年抱疾不敢求假恐煩醫官自後忝領史臣同修實録晝夜不捨寢食殆忘己盡建隆四年見成一十七卷雖經進御自謂小有可觀忽坐流言不容絶筆夫讒謗之口聖賢難逃周公作鴟鴞之詩仲尼有桓魋之嘆蓋行高於人則人所忌名出於衆則衆所排自古及今鮮不如此伏望皇帝陛下雷霆霽怒日月迴光鑒曾參之殺人稍寬投杼察顔回之盜飯或出如簀未令君子之道消惟賴聖人之在上況臣孤貧無援文雅修身不

省附離權臣祇是遭逢先帝但以心無苟合性昧隨時出一言不愧於神明識一事必歸於正直愠於羣小誠有謗詞謀及卿士豈無公論以至兩朝掌誥四任詞臣紫垣最忝於舊人白首不離於郎署以微臣之行已遇陛下之至公久當辨明未敢伸理今則上國千里長淮一隅雖叨守土之榮未免謫居之嘆霜摧風敗芝蘭之性終香日遠天高葵藿之心未死仰望旒扆不勝涕洟臣無任瞻天戀聖省己激切屏營之至（小畜集）

劉邠

朝散郎孫賁可知邵州制

湖湘之南蠻獠雜居乃或不虔邊圉肆爲侵暴夫豈足勞吾剪薙也莫若擇良守就而撫之震讋其姦猾存育其柔服斯無事矣以某健於爲吏翰譽頗著付之連城其思遠畧不孤寵命 彭城集

袁甫

贈王志叔序

志叔爲齊安錄事漫堂劉公既畀之箴難兒去非又爲之跋矣某復何言然漫堂謂志叔廉明不患不及惟慮迎長官意向耳志叔過秋浦爲予言佩服是箴究心犴獄視勘廳如家平心定氣引囚親問不施箠楚吏不得出一語由是囚莫不

盡吐實情茲不亦明乎居官三年律己如一日洎秩滿棹空舟歸茲不亦廉乎嘗有巡檢司執盜聞之縣縣上之州及臬司志叔以贓不獲疑之詰盜贓何在盜謂棄之水矣志叔愈疑白憲置盜三獄分鞫之憲如其言俱以非眞盜告遂得釋使志叔無特操決不能爲此則其不阿長官不違斯箴信有證矣余每病世人誦善而不修實事如志叔之不負漫堂及難兄之訓幾何人哉學問無窮志叔勉之繼此聞一善皆能躬行以實其言古人可庶幾也遂書以贈之蒙齋集

張耒

送吳怡序

吾友吳熙老好學樂善敏於爲吏不苟於其職嘗主簿於蘄之羅田部使者才之使尉黃岡予舊與之相聞而來黃岡也予方坐事屏居而熙老獨喜從予游予謂之曰予棄人也又負罪於有司子與罪人游且累君熙老不謂然尤喜予翰墨言語得之輒寶藏予年老多病學問日衰落文字尤荒梗熙老所求十不能答一二而熙老意益勤不倦夫人之好惡不可解如此居黃岡無數月又遷蘄水丞將去黃求予言贈其行予爲之不能無言曰子盍觀於貨乎所操者愈奇則藏之也愈深知之者愈寡然一旦而得所售則萬金之值有不較而樂輸之者方其未售也閉肆而處終日寂然其鄰里莫知

也而持盤賣餅兒日一操盤而出自譽其貨呶呶也十人之聚則往卽之自日至夜勞力如此得百錢之値之外則偃然有過望之喜矣夫所操者不厚則自處也薄夫自處也薄則亦無所不至矣其理然也君子進德修業夙夜强學其所操者豈萬金之貨也哉吾願熙老好學愈勤樂善愈富爲吏而有賜於民多積而深之自愛而重出之則將名譽充於四海出入紫闥訂謨黃閣也可跂而俟也敢以是爲遺行之言柯山集

黃庭堅

答何斯舉書四

別來不復能通書孤苦憔悴之狀不言可喻中間每見邵老龜父兄弟詩卷中有佳句未嘗不咏嘆也辰書累紙恩意勤懇但增感塞參前堂佳句甚高秀欽嘆欽嘆參前堂但前對溪山修竹古木森然頗助觀已其後夏月皆緑陰不見日耳土木之功則極草草又堂中之人哀悴廢學甚不稱佳句也太和詩似不必作有微意具駒父書中幸取觀之末緣晤集千萬强學自重

又

外甥鴻父得託賈門相與遂有瓜葛良以爲慰諸令弟講學不倦哀悴昏塞不記賈字欲奉字曰斯舉不知可用否取論

語所謂色斯舉矣者但恐或犯諱字耳因來示喻陳季常所刻蘇尚書詩集煩爲以厚紙印一本見寄只封在鴻父處亦可爾

又

寄惠蘇公詩集亦自有用處要欲得一本厚紙者藏之名山耳季常所寄亦是此一種紙當料理季常爲用厚紙印耳斯舉者觀所謂色斯舉矣翔而後集已極古人去就之意無可措言欲作序者但爲之華藻耳哀悴以來文詩枯涸幾如井谷射鮒倓寒泉稍集即當下筆

又

春來寒燠未節承侍奉萬福爲慰令弟進學無恙承示喻親友離羣有獨學之憂苟無其人當論其世友古人於黃卷之間耳宗伯蘇端明之詩筆語妙天下於今爲獨步當激賞其妙處牽馬以驥也觀斯舉詩句多自得之他日七八少年皆當壓倒老夫但須得忠信孝友深根固蔕則枝葉有光輝矣

山谷別集

與潘邠老帖四

比辱車馬瞻想風度殊有塵外之韻中心竊獨喜知足下胸中進於忠厚之實故見此光華爾得示誨及新文怱怱中疾讀已覺沉疴去體未三復也蒲圻紙佳惠亦未暇省錄

又

某昨晚得手誨會以四日院中書成奏書沐浴於戚蘇門暮憊甚念作報書及所送紙皆不能今旦又相君入院當亟入勢未能如邵老所須但詠伍言覺翰墨之氣如虹猶足貫日爾此承鬻有司之不知己草草治行遂不過我而東鄙心甚怏怏此乃學爲舉子之文徼倖一日既得人爵而棄之者也豈所望邵老者耶又恐自有故不端爲此蚊蚋之過前耳書囊聊可收道中詩藁忽忽未及他

又

辱專人惠教勤懇審村居侍奉萬福得文字之樂爲慰遠寄

書屬託深遠爾雅少加意便當不減古人甚奉助歡喜也蘄簟珍惠此來歲月深此物漸少也祖夫人挽詞又未能成今日來頭痛岑岑謁告臥家來人已留數日恐渠食盡不能待且遣行爾後作得當寓遞此物輩過無意無思時滯端不可強強成亦不足傳爾懷蘇亭記謹諾俟叙本末來也墨一笏是東野暉魯人甚尊巽之今亦難得漫往可為公千篇之費溫公神道碑市中有板數十文可置適令買尚未來子瞻論作文法須熟讀檀弓大為妙論請試詳讀之如何卻示諭伯氏尚家居以代者據位擇縣至今未遷去耳知命非熊比無恙有十許篇詩是今春所作不足觀因人專借有漫字矣漫

送一觀公書字甚工然少波峭政以觀古人書少耳可取古法帖日陳左右事業之餘暇輒臨寫數紙頗勝奕棋廢日無使筆意便自有佳處近見無咎作慶州使宅記大爲佳作未有別本有郎泰寄彼士亦有士人可與共此者乎因書示諭作書但連一二紙書事不須屢副頗似不情未緣會面千萬爲親自重

又

辱教墨甚勤惠顧相與款曲之意無日不勤身在公家又年過四十漸不能堪如此碌碌度歲月爾承强學以祈不辱此盛得之舉充斯言也足以追配古人文章安足道哉 山谷別集

與潘邠老五首

得手教承行李到淮陽安穩甚慰俗間酒中亦得磊落人知此道者否不肯沉埋塵土中已成流俗人時時夢想猶有曩時江湖雲月爾思欲弄舟風烟之外嬰縛似未有脫期永懷方寸之人自是宿債輕不可更作繭自纏縛也相望千里無緣奉面惟强飯自愛

又

某頓首辱以少儀見推一日之長雖荷傾倒之意不獲終辭顧德薄而道不明何以當此愧悚愧悚訪逮所疑尤愧叩之則窮也嘗謂求之藝賜之達由之勇師之莊皆聖人之一也

由夫子觀之其人性學之蔽如此猶言伯夷之隘柳下惠之不恭孔子如有用我者吾其爲東周乎故陳常弑其君請討之耳非以敵國相征也孟子曰今以燕伐燕何爲勸之其可不疑也禹菲飲食惡衣服卑宮室堯舜之禮有所行周公誅管蔡舜之義不得申也執一而廢百小道故大人弗爲故曰膠於物之迹也離乎性矣夫愛而哭之利也明於故然後可以知性故雖非性而可以求性也不避礙而蹈險阻以求必行此老氏以智爲賊也妄意如此不審然否

又

某頓首得之則喜失之則悲是爲喜晝而悲夜也不能不晝

夜天地尚然而況於人乎死生亦大矣而不得與之變況此舉奇不勝其耦者乎凡所爲學問琢磨舉而措之以吾常行而物變之中故也今遇小變不超於其蚊睫已磊磊柴於胸次則行乎爭名干戈之間泛乎衆口風波之上其能立我以宰制萬物使得其職耶郗老幸熟思之京師三大節開市井蒲博之禁比三日而得喪大相懸有懟而殺身者聞者未嘗不笑也由今舉子觀之豈不在可笑之域耶尊府所欲書亦未寫得可徑附遞至吉文間十日中當必作大門石刻當附駒父及十輻遑矣若尚能少留今晚幸過我濯去俗士患失之塵而後行亦佳耳

又

某頓首累辱手記以退食輒奉老人寢膳或至中夜得息故不果每作報大谷公石刻已奉許作但未得暇耳數事已喻駒父詩中多佳句甚歎服也晉士夏盟而予楚非所以爲盟也然其勢不得不與楚司馬侯之言以告諸侯則有詞矣文公之知趙衰也不特壺飱從徑而不食也舉足以爲原大夫所以令君知大夫也晏子曰大者不踰閑小者出入可也蓋君子斟酌也故以制行則如此非所以觀其私也若夫觀其私則德無小大忠信而已矣故君子有悔而無吝也西方之書論聖人之學以爲由初發心以至成道唯一直心無委曲

相此最近之承與季共日以講學爲事甚善甚善多謝季共不累別作啓

又

平居極欲奉款曲而出入公私事亦相尋來終日不了眼前以此中休窮年音問不通雖交舊間頗相委悉無簡賢慕勢之嫌然亦自覺俗狀可憎也辱教獎借太甚加以慰意存問老少知公見愛深也顧鄙陋何能有益左右萬一其言過稱不敢當其臭味同者切喜此道有依助爾所惠詩卷疾讀數回詞意相得皆奇作也自嘆未嘗得見筆墨緒餘不謂公已能至此欽歎之未足此心此文乃如明月夜光終不可掩遂

待不肯推挽然願公終所以而後載言其上使長者知公不徒爲言而後生有述焉此報左右之勤惓客至草草山谷正集

汪應辰字聖錫玉山人紹興五年登進士第

與黄岡人

比因還介上狀當即呈達今因妻兄專詣門下復附此紙此間艱苦窮愁寥落之狀可問而知不重說也內外食口亦四十人因讀信天緣堂記所謂世間寧有一門同日困於無飯者天之所賦自應不闕先生之言端不我欺既以自解復借之以止兒啼而解客嘲也無由瞻見惟乞倍萬珍重即還禁塗以慰上論不次文定集

與喻玉泉 原注玉泉在蘄

前所說王晉老大夫不待按脈而知人病者近得延平守相見論病甚有理蘄州黃梅村中有周先生者異人也江州郝居之尹和靖之高弟嘗患鼻中時有碎骨出周云乃飲甘棠湖水所中以生薑爲末服及一秤則此病自愈已而果然問之云水有屍氣觸其骨飲此水爲氣所熏鼻先聞之所以有此病惟生薑性烈可以入鼻久之乃能蕩滌諸穢所以能愈也其他異事甚多更無取於人王晉老亦稱之遠方乃有此人豈易得哉辟親之事恐未須忙前日見二公郤忘記說鄰人聞人刪定其子爲張晉彥壻云晉彥留之他日欲送安國

往成親也向說沈洵者今亦爲晉彥壻矣全上

與方叔興

聞既還蘄春諸況安適大抵學問之道止是揆於心而安稽於古而合措於事而宜所以體究涵養躬行日用要以盡此道而已若家務人[illegible]以至應舉從仕皆不相防叔興用心於內當益有日新之功也賦二篇甚有工處然須廣看前輩諸作取其所長盡爲我用方從容中節也有問鄭夫作賦之法鄭云亦在乎熟之而已歐陽公言爲文須是看多作多講論多蓋此雖小技亦須功力到乃能精爾全上

魏了翁

題蘄州儀曹范埴元帥府牒後

靖康之禍薦紳大夫士未嘗不憤惋於大官貴人無足倚賴而冗曹稗官猶可與有爲也趙哲一使臣能以百騎束虜馬向拱一尉椽能以培纒批遊騎博亮一文學能以義旅造青城陳淬一小校能先諸將以敗虜於南華韓世忠一制將能引部將以却虜於南京至於擄神稷破鶻眼者乃安邑之士人日中碎虜五十壁者乃石濠之小吏首渡河以復新興者乃招撫司之屬將以千八百騎夜刺孛菫者乃經略司之都監曰孟迪曰种潛曰張勉曰張淵曰白保曰李進皆蹶關超距雷動風從於王庶之檄異時中興諸將繇此其選使嘗得

將相大臣有以用之俾各竭所長經營河朔則虜遠伏涼澱之北而祖宗境土遄歸職方矣蘄州儀曹范公其一也予歸自靖道雙流公之孫子郯誦公自蘄趨濟顛末咸歎世弊俗偷方時晏然位驕祿侈者偃然物上盜弄人爵蠱壞士氣胚胎禍幾一朝潰裂幸有懷忠蘊義之士起濟濡首之厲然猶扼塞不得亨嗚呼其車既載乃棄爾輔自古禍亂相尋於無窮者類若此曹器遠辨紙尾三人乃汪黃耿非宗忠簡此說甚善使忠簡而在此位也吾所謂某某者必有以用之范公當不至流落秦陝待忠獻之薦而後知於思陵也復百餘年臨卬魏某斂涕書於下方

詩

黃岡

唐

周墀 字德升黃岡人傳詳府志宦蹟

賀王僕射放榜

文場三化魯諸生三十餘年振重名曾忝木雞誇羽翼又陪金馬入蓬瀛自注墀初年木雞賦及第常陪僕射守職內庭雖欣月桂居先折更羡春蘭最後榮欲到龍門看風雨關防不許暫離營

酬李常侍景讓立秋日奉詔祭嶽見寄

秋祠靈嶽奉尊罍風過林深古柏開蓮掌月高珪幣列金天

雨露鬼神陪質明三獻雖終禮祈壽三年別上杯豈是瑣才
能祀事洪農太守主張來 俱全唐詩

附李景讓原作

寄華州周侍郎墀立秋日奉詔祭嶽詩
關河豁靜曉雲開承詔秋祠太守來山霽蓮花添翠黛路
陰桐葉少塵埃朱幡入廟威儀肅玉佩昇壇步武回往歲
今朝幾時事謝君非重我非才 全唐詩

周　萬 黃岡人傳詳文苑

送沈芳謁李觀察求仕進 自注云此君曾浪跡長安因以詩讓之
往日長安路歡遊不惜年爲貪盧女曲用盡沈郎錢身老方

投刺途窮始著鞭猶聞有知已此去不徒然　全上

潘大臨

吳熙老所藏風雨圖

我游匡山夏將杪赤日青天萬山遶忽然風雨動地來震氣乘雷雖電繞一川煙靄失東西萬里乾坤錯昏曉香爐高峯危欲墮石門細路人心勦江翻那聞得計魚木拔豈有安巢鳥須臾雲過雨腳收依舊晴暉著叢篠羣山歷歷在眼前恰似濕高日方曉誰將此景入畫圖數幅生綃盤礴了吳丞此畫絕代無張公此詩古來少讀詩觀畫興未窮北窗風涼退自公使君意消三伏中未可鞭箠催青銅原注熙老在羅田催科不用箠鞭而辦

贈張聖言畫柯山圖

我昔騎驢遊九州上扣天關望冕旒羣公侍旁好顏色將順帝旨成剛柔抱持日月不自獻蒙茸塵土歸家丘結茅竹間令休已炎暑避舍清飈留屋頭清溪鳴晝夜當戶古木蔽馬牛蒼頭廬兒從高蓋傳呼不到門巷幽兩公忘言兒袖手驅除睡魔須茶甌誰傳此意到旁郡解衣盤礴煩張侯張侯落筆妙天下未墜學士之風流欻見柯山入畫圖丹青知君百不憂黃公不肯直南省一麾已具東南舟請君援筆待公至畫我迎公竹陰裏以上聲畫集

哭東坡絕句十二首錄二首

元祐絲綸兩漢前典型意得龍光宣裕陵聖德如天大誰道微臣敢議天
公與文忠總遇讒讒人有口直須緘聲名百世誰常在公與文忠北斗南 紫微詩話

登大別眺望

人爭漢口渡日落陽臺坂鼓吹隔岸聞樓觀排雲見 輿地紀勝

浯溪中興頌

公泛浯溪春水船繫船啼鳥青崖邊次山作頌今幾年當時治亂眷風前明皇聰明貞晚謬乾坤付與哥奴手骨肉何傷九廟焚蜀山騎騾不回首天下寧知再有唐皇帝紫袍迎上

皇祿氣會阜吾敢惜兒不終孝聽五郎父子幾何不豺虎君臣寧能責胡廣南內淒涼誰得知人間稱家作端午平生不識顏眞卿去年不答高將軍老來讀碑淚霑臆公詩與碑當並行不賞邊功甯有計不殺奏章猶未語雨淋日炙字未訛千秋萬歲所鑒多浯溪集

何頎之

頎之字斯舉黃岡人從蘇黃學按道山清話作頎之

觀李伯時題閻立本西域圖

窮荒無信子年欺自笑山林老一枝海上嘗思龜殼卷天涯欲化鳥工窺丹青閻令如曾到風俗張騫舊獨知公喜著書

尤博雅山經暇日補殘遺 能改齋漫録

蘄州

林敏修

閻立本畫醉道士圖

破除萬事無過酒有客何須計升斗解將富貴等浮雲醉鄉即是無何有昔人繪事亦有神丹青寫出盡天眞尊罍太恥月漸傾更待曉出扶桑暾餐霞服氣浪自若自厭神仙足官府脫巾解帶衣淋漓眼花錯莫誰賓主君不見炙手可熱曜權門欲觀佳麗爭怒嗔何如銜杯樂聖籍地飲安用醉吐丞相茵 聲畫集

文湖州作山水橫軸吳希全家藏其子誠伯求蘇養直賦詩語特奇妙遂用其韻同賦

明窗十日復五日出此湖光與山色前身畫師語不妄文侯乃是金門客乍從雲際辨遠岫爭數喬木誇眼力波漂菰米歲事空水濱枉下南飛鴻欲投晚渡喚舟子急槳已入昏烟中徑思天邊問歸路錯認江鄉舊洲渚能傳萬里在尺素豪奪應防卷寒雨蠹齋集

林敏功

書吳熙老醉杜甫圖

清晨出尋酒家門蹇驢破帽衣懸鶉年年碧雞坊下路野梅

官柳慣尋春酒錢有無俱醉倒改罷新詩留腹稿兒童拍手遮路衢拾遺笑倩旁人扶百年風雅前無古沈宋曹劉安足數後來一字人難補君莫笑渠作詩苦

子瞻畫扇

夫子江湖客毫端託渺茫攢峯埋暮雨古樹困天霜偪側餘僧舍冥濛失雁行死生隨化盡此意獨難忘 以上聲畫集

春日有懷

風高收雨急日薄過窗微梅雨初迎臘春溪欲染衣形容今日是遊衍昔人非節物關愁緒歸鴻正北飛 宋文鑑

絕句

君心恨不走天涯，不比袁翁只戀家。最是橫塘黃葉路，今年無伴折梅花。方是閑居士小稾

夏　倪

次韻漢陽蔡守題陽關圖

君不見季子敝盡黑貂裘，一生車轍環九州。使之負郭有二頃，未必肯相六國侯。此郎亦復何為者，浪自出入不肯休。東風夾道羅供帳，倚馬欲行那得上。綠尊翠勺浩縱橫，四座哀歌互酬唱。陰雲漠漠天四垂，行子多著短後衣。金羈滿[illegible]鳴翠珥，負檣厥倒[illegible]盧兒。魚舟微茫出浦漵，遠山無數迎脩眉。傾曦馱醉出關去，縱有離愁渠得知。長安春色濃如酒，乃向

斯時別親友可憐兒女浪辛苦奔走功名逮華首濁醪百榼
胸崔嵬暮色慘慘羈鴻哀羊腸鳥道天尺五爾獨胡爲來此
哉水有蛟鼉獰口眼陸有兕虎潛巖隈嗟爾游子不顧返富
貴有時終自來

題宗室永年畫犬圖

公子朝回玉宸裏戲弄丹青歌扇底興來貌寫到穠鬈拳尾
如搖欲投嵜豐顱闊腋偉骨相縱逸未饒盧鵲駛庭除花開
春尚寒屈藏短喙眠氍毹其一狺狺口若吠欲前卻立客在
門俗言犬馬最難畫衆所共識誰面謾非如鬼物隱幽眇反
覆醜好懸毫端紛紛衆史坐歎息筆伎窮兀不可拔乃知心

匠本神授以心運手不作雕我家敗屋依破垣偷兒踏瓦警夜眠四壁雖如長卿第舊屋猶存子敬氈就君乞取挂牆壁端能警我窺窬客

跋聚蟻圖

紛然蟲臂蟻爭環爭與高人一解顔不待南柯昏宦畢始知身寄大槐間 以上聲畫集

南紀樓 漢陽

江發岷山如甕口漢從嶓冢又東流滔滔從此爲南紀我憶禹功時倚樓 輿地紀勝

題漢陽郎官湖

太白當年夜郎謫一尊聊與故人留南湖乞得郎官號從此名傳五百秋豫章詩話

和山谷游百花洲槃礴范文正公祠下以生存華屋處零落歸山丘爲韻賦十首

神文兼周禮廟樂奏九成當時夔一足不待魯諸生嘖嘖鵲噪屋惜惜蛛網門我來九頓首生氣凜如存堂堂古遺直心嚴貌無華人見不嫵媚何以娛大家樸樕復樸樕何以棟我屋風雨莫輕搖南山無老木有酒自酹有室莫共處古今一丘貉何能垂飛語夢回四賢篇長風吹人醒嗟哉不我見淚與秋露零百代無幾人九原何可作不必溫御史解令君膽

落寶元乃多故公時總戎機㣲中百萬兵要取橫山歸公歸今幾時遺懿何斑斑公議要難沒言波可懷山我心不可規滔滔誰與游向來秉大雅今復成一丘范文正公集附

吳億字大年蘄春人

磨崖中興頌

借問江頭人釣魚爲言靈武事何如磨崖豈是當時意兩字噫嘻金鏡書浯溪集

外籍詩附

唐

黄岡縣

杜牧

偶見 注：黃州作

朔風高緊掠河樓白鼻騧郎白罽裘有個當壚明似月馬鞭斜揖笑回頭 樊川集

元結 河南人字次山

漫問相里黃岡

東鄰有漁父西鄰有山僧各問其性情變之俱不能公爲二千石我爲山海客志業豈不同今已殊名跡相里不相類相友且相異何況天下人而欲同其意人意苟不同分寸不相容漫問軒裳客何如耕釣翁 元次山集

趙嘏 字承祐山陽人 會昌二年進士

寄前黃州竇使君

池上笙歌寂不聞樓中愁殺碧虛雲五壺凝盡重重淚寄與風流舊使君 渭南詩集

蘄州

白居易

送蘄春李十九使君赴郡

可憐官職好文詞五十專城未是遲曉日鏡前無白髮春風門外有紅旗郡中何處堪攜酒席上何人解和詩雖共交親開口笑知君不及洛陽時 白氏張慶集

杜牧

許秀才至辱李蘄州絶句問斷酒之情因寄

有客南來話所思故人遥在醉中詩暫因微疾須防酒不是歡情減舊時 樊川集

李山甫

送蘄州裴員外

正作南宫第一人覽辭霓旆愴離羣曉從闕下辭天子春向江頭待使君五馬尚迷青瑣路雙魚猶惹翠蘭芬明朝無路尋歸去禁樹參差隔紫雲 全唐詩

羅隱 字昭諫 餘杭人

送蘄州裴員外

六枝仙桂最先春蕭灑高辭九陌塵兩晉家聲須有主六朝文雅別無人榮驅豹尾拋同輩貴上鼇頭見近臣蘄水蒼生莫相羨早看歸去掌絲綸 羅昭諫集

裴夷直 字禮卿河東人

別蘄春王判官

四十年來貞久故三千里外暫相逢今日一杯成遠別煙波渺渺恨重重 全唐詩

劉禹錫 字夢得彭城人

洛中春末送杜錄事赴蘄州

樽前花下長相見明日忽爲千里人君過午橋回首望洛陽猶自有殘春 劉賓客集

元稹 字微之河內人

酬樂天寄蘄州簟

蘄簟未經春君先拭翠筠知爲熱時物預與瘴中人碾玉連心潤編牙小片珍霜凝青汗簡氷透碧游鱗水魄輕涵黛琉璃薄帶塵夢成傷冷滑驚臥老龍身 元氏長慶集

南唐

蘄州

徐鉉 字鼎臣廣陵人

寄蘄州高郎中

賈傅棲遲楚澤東蘭臯三度換秋風紛紛世事來無盡黯黯離魂去不通直道未能勝社鼠孤飛徒自歎冥鴻知君多少思鄉恨併在山城一笛中 騎省集

送魏舍人仲甫爲蘄州判官

從事蘄春興自長蘄人應識紫薇郎山資足後抛名路蒓菜秋來憶故鄉以道卷舒猶自適臨戎談笑固無妨如聞郡閣吹横笛時望青谿憶野王 同上

宋外籍詩

黄岡

王禹偁

瑞蓮歌 并序

宴設都頭宋承武其先嘗爲黄州刺史有別墅在關城東南池生瑞蓮承武來告因與從事會校書泛小舟以驗之退而作歌以紀其事

江城五月江雨晴荷花到處紅交横宋家池上瑞蓮生嫋嫋出叢抽一莖莖端菡萏開兩朶忽似娥皇將女英九疑望斷蒼梧暮低頭並照湘波清花落蓮成碧於卵瑟瑟塵輕慰人眼蕭郎弄玉合卺時一齊覆下瑠璃盞草木效靈載圖史守臣盡可聞天子吾君有詔抑祥瑞異獸珍禽不爲貴瑞蓮無

路達冕旒也隨衆卉老池頭吏民歸美賀郡守敢貪天功爲已有古來善政數杜詩桑無附枝麥兩岐瑞蓮信美産茲土起予謾作閑歌辭年年更願再熟稻倉箱免使吾民饑（小畜集）

筵上狂歌送侍棊衣襖天使

昔事先皇叨近侍北門西掖清華地太宗多材復多藝萬機餘暇翻棊勢對面千里爲第一獨飛天蛾爲第二第三海底取明珠三陣堂堂皆御製中使宣來示近臣天機祕密通鬼神乃知棊法同軍法既誡貪心又嫌怯唯宜靜勝守封疆不樂窮兵用戈甲先皇三勢有深旨豈獨一秤而已矣當時受賜感君恩藏於篋笥傳子孫至道年中出滁上失脚青雲空

悵望移典維揚日望還軒轅鼎成飛上天龍髯忽斷攀不得舊朝衣上淚潺湲吾皇曲念先朝物徵歸再掌西垣筆悲涼忽見紅藥開哭臨卒隨梓宮出去年領郡得齊安山州僻陋在江干黃民誰識舊學士白頭猶作老郎官昨日江邊天使到隨例恩霑着衣襖皐華本是江南客久侍先皇對綦奕筵中偶說當年事三勢分明皆記得我從失職別上臺御書深鎖不將來遙想甚闈在私室天香散盡卒塵埃今日因君聊話及翻作倚杯向隅泣人生不易逢聖朝君恩未報雙鬢凋金鑾殿花春灼灼永熙陵樹夜蕭蕭卒嘆拖臆在泥土不如祗鼎生煙霄多病相如猶未死追思往事欲魂銷星使令辰

迴馬首强對離筵滿傾酒悲謌一曲從事書唱與朝中舊知友小畜集

崔鷗陽翟人舉進士

黄州道中

春草門前已没靴更無人過野人家離離細竹時聞雨瀟瀟疏簾不隔花婆娑集

蘇轍

送任師中通判黄州

一别都門今五年劇談精壯故依然厭居巴蜀千山底決住荆河十頃田老去功名無意取身閑詩筆更能專黄州無事

聊須飲世俗方今自足賢欒城初集

張耒字文潛楚州淮陰人傳詳府志

齊安行

黄州楚國分三戶葛蔓爲城當樓櫓江邊市井數十家城中平田無一步土岡瘦竹青復黄引水種稻官街旁客檣朝集暮四散夷言啁哳來湖湘使君麗譙塗堊赭門狹不能行兩馬滿城蛙噪亂更聲谷風穀穀黄鴉鳴最愁三伏熱如甑北客十人八九病百年生死向中州千金莫作齊安遊

一百五歌

山民歲時事莽鹵猶知拜掃一百五平明士女出城闉黄土

岡前列尊俎翁包粉餌蒸野蔬富家烹羊貧薦魚日暮肩輿
踏風雨江鄉人家無犢車插花飲酒山邊市醉後歌聲動鄰
里南人聞歌笑相尋北人聞歌淚滿襟

貽潘邠老有序

予居柯山西潘邠老居東九月十一日往過之逕蔬圃
坐修誠堂竹間歸飲於龜蟬之間殊有佳興作雜言
貽之

有屋可以讀書有竹可以忘憂採庭之菊香有餘烹園之蔬
甘且柔賢哉二子又復何求鬼不爾責人不爾仇沽酒可飲
江魚可羞又安用列鼎食珍佩印封侯我居柯西相隔一里

可以杖履朝往而夕游必未厭我乞醯與借馬但只恐勤君赤腳與露頭不然將吾顏子簞食瓢飲屢空之樂又欲翻謚生清明玉杯繁露之春秋

與潘仲達二首　按蘇詩百家注潘大觀字仲達

東風沛甘雨百物一時好江南桃李盡紅紫到百草道旁負擔子寒食歸祭禱念我淮上已三年不躬掃淮陽牡丹花落不數京洛姚黃一枝開叢豔氣如削亭亭風塵表獨立朝萬蕚誰知臨老眼更復美葵藿

聞子瞻嶺外歸贈邵老

今晨風日何佳哉南極老人度嶺來此翁身如白玉樹已過

千百大火聚望天留之付眞主世間𡋯烈計已誤柯山潘子
應鼓舞與子異時從杖屨

次韻斯舉送嚴桂新釀

叢桂仙君子小山幽處芳◯◯◯鄙素謹斅畧塗黃有客憐
衰病新醅許擘嘗併將塵外物助我北窗涼

潘繽奉議輓詞

廉退辭樂早清貧卜舊辭買山新兆域從之舊詩書松菊留
三徑簞瓢遺兩兒升堂舊賓客執紼溯交頤

自巴河至蘄陽口道中得二詩示仲達與稚同賦

落月娟娟墮半環嘔啞鳴艣轉荒灣東南地缺天連水春夏

風高浪轉山旅食每愁村市散近秋已覺暑衣單自憐老病心兒女三日離家已念還

浩浩渾流卷白沙中流鼓楫四無涯喜逢山色開眉黛愁對江雲起砲車雨足川原豐稻菽日斜鷗鷺滿蒹葭長年怕作扁舟客賴有高談一笑譁

贈邠老

○○○極蒸噓念子柯山守舊廬廬叟今無僧送米○○○○吏徵租上書自薦心應恥扶策躬耕計未疎虎豹九關今肅穆王門行看曳長裾

黃州酒務稅宿房北窗新種竹戲題于壁

異時小杜高眠地幾向秋風聽楚江身世浮雲那可計試留雙竹寄寒窗

齊安春謠五絕

江上魚肥春水生江頭花落草青青蔞蒿芽長蘆筍大問君底事愛南烹

莫笑江城大如斗桃花如燒酒如油人生無病即爲樂莫誦離騷澤畔愁

楊柳弄春藏不得雪泥點點吹人來輕清潔白非塵物寄語桃杏莫相猜

赤壁磯前江急流周郎功業莽悠悠惆悵沙邊雨中樹無言

共作古今愁江頭春泥妨踏春閉門守春春著人問春著人作何味半酣美酒聽韶鈞

風駛浪湧仲達喜其快因作一篇

人生不欲甚快意遲速到家還一致向來白浪湧如山舟中呀呷幾喪氣我師禪祖學不動頗覺蒼茫忘定慧憑河不悔聖所非君勿爲笑而爲戒

將離柯山十月二十七日

去此定有期逝將泛扁舟千里須聚糧尙復小遲留雖有隸四籍聊喜脫遝陬問所行何之岱宗古東州念我所居堂蓬

芽委荒丘西窗雨芭蕉誰見春萌抽園梅粲已發明掩懶重游今晨一長歎離思浩難收

余謫居齊安寓郡東佛舍而制不得逾歲今冬遂移居因遣秬秸料理新居作詩示之

孟冬寒氣至北風羣木衰微霖隳簷瓦老客臥先知二年蕭寺客巾履忽復移誰令簡書畏易此鷦鷯枝冥冥造化中毫釐陰有司念此雖細事亦非人所爲東窗頗明爽洒掃吾遨嬉濁酒爲余辦勿使歎空巵

自乾明移居柯山何氏第令秬秸先葺所居

吾居最易足容膝便有餘平生一畝宮游宦乖所圖謫官求

便文就舍柯山隅灑掃勤汝力眞成野人居棲鴻媚夜渚待旦志在塗棲遲聊復爾本不計憂娛惟此東窗下可以陳圖書三酌便陶然何者爲吾廬

遷居羅漢潘邵老昆仲比以火驚相見殊闊作詩調之

畢方逐未去里巷時狂走念君簞瓢外顏室空無有誤憂黎元謾烜赫驚戶牖我雖厭遷次寒突黔已久平生昧奇字安得君載酒

何斯舉惠酒

孟夏飲燒酒窮居莫致之扣門聞好語出應自披衣雙榼儼在門使者前致詞斂袵受嘉貺敬此旨且時且喜尊不燥安

得計涓滴但恐味奇字令人愧鴟夷

乞竹贈邠老

與君共一山修竹居其間義當給兩家潘子不得慳帶甲十萬夫不戰終日閑辱使支敝廬令我愧滿顏代竹爲洗竹義取洗益繁乞我萬之一令君風月寬裒多以益寡天道自古然詩成復自笑詩禮資儒姦

四月一日同潘何小酌

令晨一杯酒相屬送春歸明年東風至何處復迎新縣知柯山下猶作未知人來者事如夢未至難預論且使飲此酒陶然付大鈞

不雨

齊安一郡雨不足稻畦土堅不入轂城中赤日風吹沙老鴉銜火燒◯屋百尺長繩抽井底井中泥滓多於水潭邊龍祠懸紙錢誰令霹靂驚龍眼

正月十八日晴霽登柯眺望二首

柯山通細屐幽步近青紅送目無窮浪吹花盡日風餘生付沮溺高論看夔龍陳許春多雪吾行亦欲東

寂寂池亭古園荒草自春東風獨游客遲日未歸人久雨衆山晦初晴萬境新長歌視天壤高興不無因

同晁郎及柜秸步游乾明晚逾柯山歸

野水菰蒲秀荒陂薺麥長卑田畱積雨荒寺掩斜陽遠樹連雲夢羣山近武昌言歸日已夕村逕度牛羊

齊安秋日

齊安荒僻郡平昔處放臣幸此公酒美復此高秋晨百憂雖搶攘一榼奈芳醑舉杯三酌後遙作葛天民

喜雨贈潘邠老昆仲

臥聞飛雨響高堂已覺翛翛短幌凉悔禍畢方收烈燄知時田祖放新秧簞瓢幸免遷三徑穀麥行看糶萬箱欲過東坡泥沒脚春餘煙柳正蒼蒼

九月末大風一夕遂安置火爐有感二首

謫官兩向黄州火知是明年何處冬須信炎涼相代至亦知榮辱到頭空怨咨莫起天公念燕坐何妨佛理通更有牆邊一樽酒能於愁面放春紅余以丑年春至黄今見二冬矣

風聲一夜下林端瀌作霜天十月寒三伏炎蒸不可過北風栗烈亦何難人情伺待常從緩天令難移古不刋幸有布裘氊履在雪深高卧更安閑黄岡三伏暑不可過故云

冬至贈潘郎

曉鏡星星華髮新江山流落未歸人五紋暗度人間線九寸潛通地下春歌笑欣欣環老稚杯盤草草稱淸貧與君同是柯山客窗外梅花解笑人

贈麗安常先生

德公本自隱襄陽治病翻成客滿堂懶把窮通求日者試將多病問醫王一丸五色寧無藥兩部千金合有方他日傾河如石鼓著書猶願記柴桑

柯山聞鵓鴣

三年不聽早朝雞慚愧高林鵓鴣兒滿眼山林春已去五更風露月沉西厭聽田舍驅牛苦想見天門寶馬嘶獨我朦朧

○曉睡故園門巷夢中迷

齊安食蔓菁根菊苗

故園蔬甲又逢春想見雕槃巧鬭新强掘蔓根槃鬱屈故挑

菊茁嚼芳辛春來小疾妨杯切老去懷鄉役夢頻堪笑吳儂戀蓴鱠素衣愁化洛陽塵 以上均柯山集

陳師道

次韻答學者四首 自注黃州何郎兄弟○宋任淵注引曾慥詩選云何頡字斯舉黃岡人嘗從蘇黃學問

津津瘦氣貫眉目十五男兒萬里身筆下倒傾三峽水胸中別作一家春

黃塵投老得何郎准擬明年共我長熏沐不爲杯酒汗飛揚未許老夫量

暗中摸索不難知眼裏輪囷卻見稀行地徑須先八駿刺天終不羨羣飛

太阿無前鋒不缺鉛刀不堪供一切至柔繞指剛則折善而藏之光奪月（后山集）

趙雝（號竹潭，忠簡後裔）

雪夜黃州城下

雪後人家早閉門江寒水落見沙痕黃州城下東坡路月浸梅花正斷魂（宋詩紀事）

强至（字幾聖，錢塘人）

孫公素中允將往相臺謁韓魏公貽詩爲别因以酬送（公時新改京兆節旄）

紫宸班退聽宣麻鎮鄴司徒換將牙到日珷筵公定喜當年

珠履客尤嘉公頃鎮北門公素實從辟賦驚園座爭觀禰樂重當時合姓

車入夏後園聞更好繞池十丈看荷花

依韻和酬孫公素中允寫懷見貽

車馬門前任罕逢春坊內允獨相從領垂素髮驚潘岳公素以予駭其早白來詩有霜毛初出之句器負青雲愛仲容身世百年今有愧功名萬事近尤慵不緣婚嫁須微祿已拂紅塵就赤松

送孫公素機宜書記赴太原劉龍圖之辟

夕樓清嘯郤妖氛越石并州晉史云威望裔孫行破敵美名才子去從軍闗榆僻馬陰初合寒草迎人綠自薰幕下清吟消日月樽前壯略起風雲尋常喜論兵民策尺寸羞銘將吏

勳頭歲舍門同獻賦（公素實劉公同年進士）平時玉帳暫論文早傳尺素頻來魏闕待飛鴻腕過汾誰問何官一書記十年閫制自當分（以上均祠部集）

劉敞

寄題黃州李使君葦杜山居

主人朝隱望誰先卜築城南地復偏服食早知仁者壽退休前惜大夫賢封千戶比蒼蒼竹畝一鐘金上上田從此去天纔尺五幾時雞犬亦登仙（公是集）

黃庭堅

謝公定和二范秋懷五首邀予同作（錄一首）

往日孫陽翟宋任淵山谷內集詩注云張方回家本有山谷自注云孫賁字公素才可任遺補擊强如摧枯食檗不知苦屬者缺諫垣時論或未許儻可假一邦使民作鄒魯山谷內集詩句

任淵注云脩水集有山谷跋孫陽翟公素十詩云世笑予詩論公素不實曰公素能擊强則請聞命至於使民作鄒魯則不知也予告之曰公素之擊强亦以其害善良奪長吏之柄耶將不及問皂白并繫無罪爾然則以今之偷一切以規自免萬事決於老吏之口者爲能使民作鄒魯耶

近世曾慥端伯作詩選載潘邠老事云張文潛晚喜樂天詩邠老聞其稱美輒不樂嘗誦山谷十絕句以爲不

可跂及其一云老色日上面歡悰日去心今既不如昔後當不如今文潛一日召邠老飲預設樂天詩一帙置書室牀枕間邠老少焉假榻翻閱良久纔悟山谷十絕句盡用樂天大篇裁爲絕句蓋樂天長於敷衍而山谷巧于裁翦自是不敢復言山谷詩內集任淵注

王立之詩話稱潘邠老云陳三學詩如學仙時至骨自換自謂此語得意然山谷有學詩如學道之句陳三所得豈其苗裔耶史容山谷外集詩句

趙蕃字昌父信州人

重陽近矣風雨驟至誦邠老滿城風雨近重陽句輒爲

一章書呈教授沅陵

好詩不在多自足傳不朽池塘生春草餘句世無取詩家黃州潘蘇黃逺師友六義極淵源一貫相授受秋風有奇思簞瓢忘巷陋奈何催租人敗之不使就我謂此七字已敵三千首政使無敗者意盡終難又終令葺成章未免加飣餖衣錦欲尚絅何嘗炫文繡一洗凡馬空浪說充天廄重陽晴則已雨必風在口今兹季月來陰雨變時候愔愔爵羅門寂寂鳥噪牖黃花冷未芳黃葉埽復有頗將寫吾懷渠在那出手併想東籬人瞻前忽焉後

人愛九日多以靖節之故僕以邠老七字爲可以益其

愛者且連日風雨尤覺此句妙處賦詩八韻

東籬滿把菊柯山一句詩四時皆有節九日獨如斯潘子夙所尚陶翁何敢師是故逢此日愛慕仍淒悲所願學淵明歸去了不疑松菊儻猶存田園隨時爲亦願如邵老白首邱壑期人窮與詩長得失其在茲以上均涪熙集

曾幾字吉甫贛縣人

送呂倉部治先守齊安瀛奎律髓注呂倉部大器字治先茶山之壻

齊安剖竹要循良分付吾家坦腹郎賸有江山連赤壁畧無訟獄到黃堂鈴齋晝永宜深念邊鎮秋高合過防此地元之餘烈在勉旃幸未鬢毛蒼茶山集

薛季宣 字士龍 永嘉人

俞氏園林

茁茁桃與李生花故城山修竹共娟好流水相往還天遠峯可續人來心已閑殷紅間蒼白晚吹催潺湲吾邑在何許滄波對重關烟霞蔽落日崔嵬深前灣送客時已到游人意長慳高風怒清作卷雪食餉問官禁不可脫歸哉望爛斑

濟江逆田開府過西陽俞氏家林

輕舟時復到齊安一過俞家一黯顏江打頹牆開野徑篁生故壘上家山蕭騷城郭塵埃外縹緲煙霞雲水間便好繫船終日臥官曹不許片時閑

聞齊安雜詠板成從沈守求印蒙以爲贈

軑縣西南茲子國使君昭代文章伯氣呑雲夢納東坡心在江湖輕赤壁月波蕩漾春山色峥嶸洲草芊芊碧政平訟簡暇居多杖履逍遥神自適到眼風光看如畫吳書溪干舊游者高亭矗立晝不如坐嘯雲屏自天寫使君好客非春申一夔已足無餘人哦詩五百盡清警立使江山景物新江山景物古來有前賢相與天長久近來百草漸埋沒賴有此詩爲一剖使君好善人如已鋟板巾箱波遠邇良知何獨此麻城天下行聞爲商杞我拘官禁限杭葦跂望亭高衣帶水高唐想像賦神遊遊客言詩詩信美客書從學穆清風得見異書

人見同解嘲不用潘邠老祇在先生指顧中以上均涙語集

陸游

舟行蘄黄間雨霽得便風有感

天青雲白十分晴帆飽舟輕盡日行江底魚龍貪晝睡淮南草木借秋聲好山縹緲何由住華髮蕭條只自驚莫怪時人笑疏懶宦情元不似詩情劍南集

蘄水

劉摯

長句送跋之官蘄水

前年東秦夏六月望日拜恩初賜玦降秩削職遷黄州倉皇

束裝三日發故國東平不入城北山一夜辭松楸親朋問訊若夢寐骨肉分留作胡越論罪豈合有民社抵巇正欲加鈇鉞仇家之議不盡用天地寬仁日月察纔令分司置之蘄上表謝恩秋已末以御魑魅乃其分欲居蠻夷聖猶屑蘄也雖僻自善地同環山溪富林樾平生雅志在江湖頗與蘄人相締結收拾孥屬已團聚南北無心更分別白魚煮玉秔炊珠佐以秋菘與春蕨築室求田雖未就典衣賣裝略無闕大謬不然心已忘笑人非工已愈拙人生端若夢栩栩事去何庸書咄咄大兒調邑換江南要雖分房無遠別地劣兩舍不宿舂晨起爲書午可達邑四萬戶號難治民雜江閩吏貪猾鋤

强洗惡勿著意魚逃至清人忌潔化以誠心磨以久教而後刑不怨殺得聞無毀亦無譽以慰蕭蕭雙白髮 忠肅集

張耒

蘄水道中二首

蠶老麥枯田舍忙誰令四月雨浪浪未容烏鳥私遺粒鳴蚓跳蛙欲滿塲

綠野新晴風日涼肩輿細路轉車岡橋邊野水侵官道旋喚漁舟渡夕陽 柯山集

胡宿 字武平常州晉陵進士

送張著作任蘄水 按公集有張演可著作佐郎制不知是此人否存以俟攷

家世南州擅席珍（君之先正世踐甲科）斗城傾蓋底相親誅茅三徑原同閈枕水雙扉重作鄰翰墨初通文苑職弦歌聊嗣武城人楚詞舊學精章句未得金門薦買臣（文恭集）

蘄州

宋祁

覽聶長孺蘄春罷歸舟中詩筆

姑山羽客冰爲骨金掌仙人露代飱化作妙辭眞扣玉寫成祁藁剩驚鸞心隨零雨濛濛密恨過淸溪曲曲寒此祕東陽誇未睹靈均千載有餘嘆（景文集）

王安石

寄致政吳虞部

白鷗生意在滄波不爲風塵有網羅年抵馮唐初未半才方疏廣豈能多孤情楚國知誰繼遺愛郴人想共歌嗟我欲歸眞未脫雪舟乘興會相過　臨川詩集

劉摯

二月二日過吳德仁二首

淸門令德江南吳三紀蘭洲心自娛明時中林隱君子蚤歲東門賢大夫老去笑談惟玉麈病餘風韻更氷壺世於出處罕無意兩忘未見斯人徒

三徑長蘺依斷崖築堂能向紫溪開案頭日有靑精飯堝面

常浮白玉醅坐對雲山飛鳥沒笑看花木早春回高情不厭
城中客更許時時杖屨來

貽致政兒德仁朝請

四十懸車三十年白雲山下古溪邊松姿鬱鬱霜中壽鴻意
冥冥物外天歸爲田園陶令達化行鄉黨鄭公賢我慙出處
今如此應得高人一粲然

初到蘄州

卜築南城三徑開寬恩從此養衰頹舟從灩澦堆中出人是
邯鄲道上回憔悴幸非蘭澤去因緣如爲祖山來江湖本是
忘機地笑許殘年付酒杯 以上均忠肅集

劉邠

吳國博未五十致仕歸蘄州

名宦於身甚纆徽白頭青紫莫言歸曼容自以微官去蘧瑗
應知過事非笛竹滿山經夏冷江魚如玉向秋肥避喧不厭
塵紛遠何況孤城人迹稀彭城集

劉跂字斯立東光人元豐二年進士

次大人二月三日過吳德仁韻二首

溪上高人稱福吳一尊深喜共爲娛步行可是困公子日晏
不應驕灌夫縱履全勝驅下澤緩歌長欲聽提壺行年八十
心如水正覺公非稽阮徒

二郊原春事催客愁今日爲君開柳枝鸜鵒未成舞溪面葡萄初潑醅曲水便應詩句滿稽山那復酒船迴海棠徑裏紋楸石爲爾從今得得來易學集

趙蕃

讀林子仁詩

連林泥滑滑遍地草青青多病愁難却春風夢已經曾過蘄水郡不見少微星獨行歎方駕新詩許乞鄰

是趙詩州善杠

兩合隱林水滿池黃鸝無語鷺頻窺吟哦終日大自好黝陟與時殊不知北海定欣真識面阿連還喜伴成詩自從諸老

凋零後此事於今更屬誰以上均涪熙集

懷趙靳州文鼎

吾州憶當南渡初居有曾吕守則徐本間林下亦此渠往往詩流非酒徒邂逅來風流頗寂寞南池二公也不惡李令作州大如斗公更靳春方待守幾宵風雨落連明南池水滿春草生不知春興凡幾首寄我因之報安否章泉稿

趙靳州枉示數詩皆弋陽往還所作經行道間有懷其人作長句寄之

一飯留人意甚真數篇仍出好詩新追隨却恨向來少悵望空增別後頻到處鷺鷗如習熟轉經山水盡精神可憐吟諷

多餘地只是登臨無若人 章泉稿

在伯欲見洪龜父夏均父詩因逸歸玉山取之自常德

先寄以來偶得長句遣呈

疾風不雪翻成雨甚欲相過愁出門短日已曛燈未上曲身難直坐如蹲兒歸尚作他州隔書到能開病眼昏併致江西洪夏集一樽徑欲與君論 淳熙稿

劉過

蘄州道中

如箭陰風劈面吹雪花斜夾雨垂垂胸中自有平戎策路入蘄州冷不知 龍洲集

元

黄岡

張養浩

黄州道中

濯足常思萬里流幾年成迹憶悠悠閒雲一片不成雨黄葉滿成都是秋落日斷鴻天外路西風長笛水邊樓夢回已悟人間世猶向邯鄲話舊游歸田類稿

仇遠字近仁錢塘人

南仲以潘邠老句約賦

秋聲滿蕩夜淒涼郤喜田家熟稻糧千里江湖隨漢宦滿城

風雨近重陽菊花漸折青青蘂桔樹猶飄粟粟香幸是催租人未至尊前聊爲足成章金淵集

沈作楫覆校
沈桂華初校

黃州府志拾遺卷五

黃岡沈致堅卓梧纂輯

藝文志

金石

黃岡縣

漢

古鏡予姪怡炯自外家程宅攜一古鏡歸掘地所得黑色如漆篆款甚精妙其背銘云張氏作竟大無傷長保二親樂未央八子九孫宜侯王朱鳥玄武去不祥多高官大吉昌一方按金石索所刊之漢鏡圖與此無異

宋

黃州天慶觀牡丹三首眉山蘇軾撰并書

按雨中看牡丹三首宋施元之注云此詩墨蹟在玉山汪氏嘗摹刻之後題黃州天慶觀牡丹三首

霧雨不成點映空疑有無時於花上見的皪走明珠秀色洗紅紛暗香生雪膚黃昏更蕭瑟頭重欲相扶

明日雨當止晨光在松枝清寒入花骨肅肅初自持午景發濃豔一笑當及時依然暮還斂亦自惜幽姿

幽姿不可惜後日東風起酒醒何所見金紛抱青子千花與百草共盡無妍鄙未忍汚泥沙牛酥煎落蘂

潘處士墓銘　分寧黃庭堅撰

處士諱萃，字信夫，享年七十有二。其先河南潘氏，有諱季荀者，仕唐昭宗爲太僕卿兼御史中丞、五嶺催勘使，行部至長樂，愛其山水而家焉。太僕生仁果，爲殿中丞。世亂，王氏擅閩粵，皆家居不宦游。殿中生吉甫，入朝爲國子博士，贈工部侍郎。工部生衢，爲屯田郎，治數郡有聲。其甥劉彝嘗稱其外家政事，雖古之良吏不能遠過也。蓋嘗通判黃州，子孫遂不能歸也。屯田實生處士。處士嘗舉進士，不能受有司繩墨，因棄去。當以父任得官，又推與其弟，獨浮沉酒間。與人無貴賤，皆去畦畛，赴人急難不遺力也。人或怒罵與絕從而謝之傾倒不留纖介昆弟破散父時資產至無一錢處士未嘗以爲言其處憂患如舟人安於水未嘗險焉娶國子博士李餘慶之女有才智能殖其家故處士落魄而不困生六男子鯁吉州軍事推官幼子祖述吉水尉仲丙叔匪季原皆舉進士而匪早卒二女子嫁著作郎羅紹黃岡尉萬淵孫男十有四人曾孫男女三人處士卒以元祐三年六月某甲子葬以某年八月某甲子兆於黃岡之方步原李夫人祔焉處士孫大臨有藝學與予游狀處士平生來乞銘曰將刊石於墓前遂爲銘曰

不駸駸於欲得與世異邪彝酒而不溺於酒不彫而有特

操邪取予喜怒若過而皆得情而不校邪世故不驚其胸次年耆而不耄邪可爲智者言而難爲俗人道邪 山谷集

朝請大夫鄭公墓表 山陰陸佃撰

公姓鄭氏名惇忠字景孚其先陳留人今徙潤州丹徒皇考韓向在眞宗時試禮部賦政本於天爲第一有露洒慈愛霜嚴典彝之語都人至以書錦屏紈扇而四方學者競傳誦之一時聲名藉甚及廷試遂中甲科家藏書萬餘卷攷其平生趣操蓋清慎君子也官至尚書兵部郎中職至龍圖閣直學士知杭州卒公天聖十年始以皇考奏補守將作監主簿五遷太子中舍賜緋章服又五遷尚書比部

郎中會更官制改授朝請大夫賜紫章服歷監潤州台州除州三商稅務知明州奉化湖州歸安洋州西鄉三縣通判衢州又通判沂州知筠州遂致仕公爲人有美質粹然天成見之使人愛慕殆詩所謂溫其如玉者也夫人何氏尚書職方郎中知止之女亦有賢行初封孝義縣君再封仁和熙寧中佃娶夫人長女居公之家久見公爲政篤於惠愛如其名而夫人孝義仁和如其號常譽歎之不足已而宦學往來鶉居無常處率五六年一相值迨今更數十寒暑蓋再見而無夫人又一見而無公矣嗚呼生者逆旅也豈不信哉夫人以元豐六年正月丁亥卒年五十七公

以元祐二年六月乙酉卒年六十一合葬黄州黄岡縣永
安鄉之原歲在大荒落月在丙日丙辰也二男子夷逸黄
州司理參軍夷道太廟齋郎四女子壻曰瀛州防禦推官
周壽歙州軍事判官沈竦右班殿直曹彦輔其一郎佃也
孫男四人皆尚幼竊嘗聞之死而不亡者壽蓋非聲名之
謂事也然世之人才其以此爲不泯故佃載公賢夫人之
迹使葬而揭之石且告後世焉亦得而已也陶山集

齊安奉議郎潘鯁墓誌銘譙郡張耒撰

齊安有君子曰潘昌言其學也正其言也文其家居篤於
孝悌其爲吏清介刻苦而爲政本於惠下愛民至大吏勢

力能寒熱人者必與之較義理一毫不爲屈其爲人務內而簡外信己而不求人知而人之知者必皆誠心愧服焉嗚呼君子哉蓋紹聖丁丑歲某得罪謫官於齊安自幸得從君遊既至而君病矣無何而卒實元符二年十月某日也齊安之君子皆相弔已而又曰潘君之墓宜有銘矣咸以銘事屬某某既素高君之義用不復辭走其家哭之求其家世歷官行事於其子大臨而次叙之曰潘氏在唐爲滎陽人當僖宗時有名季荀者仕爲太僕卿官於福州避亂因家焉季荀之弟曰季鵩爲太子司議郎季鵩後二世生吉甫事吳越入朝終國子博士累贈工部侍郎侍郎生

衢爲屯田郎中屯田嘗官於黄遂居之屯田生處士革隱德不仕君諱鰈字昌言處士長子也生而雋警絕人爲兒時賦詩已有奇語閩有周希孟者博學篤行之士也君從之學希孟以爲盡己之道君居鄉里以經教授聚徒常百餘人後進皆師尊之登元豐己未進士第初調蘄水縣尉遷和州防禦推官知江州瑞昌縣監楚州都鹽倉遷吉州軍事推官改宣德郎監漢陽軍酒稅遂以奉議郎致仕卒年六十三蘄水民有以花爲獻者君一嗅而還之曰受賜多矣其廉潔類是江州賦屬縣鬻建茶太守問君瑞昌歲可售若干公曰四斤耳守驚詰其說君曰縣小民貧米鹽

猶不足而賑及茶乎獨縣僚四人人一斤可矣守語以故諸縣皆得無多售而旁郡有賞千斤者後七年君以事過瑞昌有兩民拜馬前其一曰異時君爲縣我訟得直其一曰異時君刑我當罪我心服是以偕來君之爲吏得民舉如是也元祐赦民負官錢無姦者悉免之吉州通判攝守事乃悉下負者於獄將鞫其姦君曰赦欲寬之而君故獄之耶執不可民乃得免龍泉令捕得私酒三十家將上府君謂令曰是法皆當徒龍泉小邑一日徒三十人君爲令安乎令乃頗減出之嗚呼其歷官微而見於行事者寡矣然其修身治人立心操術亦可槩見矣向使之得富貴立

朝廷據位操柄以行其義達其道其不貪利苟得如還蘄
水之花其忤上愛下如豐瑞昌之茶民甘其罰如瑞昌之
拜者則雖古之君子無以加分寸於此矣有集三十卷曰
春秋斷義者十二卷講義者十五卷易要義者三卷致仕
時家無一金骨肉衣食僅給而君肅然病臥一榻口不及
俗事時與其子清言而已娶何氏有賢行男二人長大臨
次某皆力學有文一女嫁進士羅啟宗四孫其一男也曰
藂以某年某月葬某縣某原銘曰
白璧芳蘭包以九襲長于外者千萬而一莫爲出之卒殞
無施嗚呼昌言不達類兹致美在裏不耀於肌豈人是謀

謂天實知黃岡之原松柏其猗我相後人將獲其菑 柯山集

國朝

光祿大夫禮部尚書王公神道碑 錢塘袁枚撰

禮部尚書王公葬黃岡陽邏六十年墓無碑其孫廷泰來言曰先祖遺命弗爲碑碑至今缺廷泰出先生門下讀先生金石文字千古無讓然則安知非先人之靈不欲以姓名爵里草草託人必待後世之能與夫斑馬爭者然後紀傳之耶銘我先人補子孫之憾先生其奚辭余謹按其狀而書之公諱澤宏字涓來一字昊廬家本瑯琊十世祖東遷於黃岡公父用予崇禎進士任淮安推官內擢檢討以

公故封光祿大夫禮部尚書有子五人公其長也玉色揚聲風采雋異八歲侍封公於淮封公指簿案戲曰兒他日亦掌是乎公搖首別首一書曰兒讀此願掌此擷之禮經一部也翁乃大奇之年十四補博士弟子中崇禎壬午副榜當是時流賊四起黃岡氛甚惡公避亂九江遇賊刼其家屬公逃深箐中三日不食譚爾恒者九江豪也夜夢采鳳翔竹間旦伺得公餓色焦然憐而食之公說譚曰某祖父母父母俱陷賊中某義不獨生公仁人能活某一家乎譚問計公曰賊衆烏合無遠志又無刁斗之設每夕豬蹄而囂必置酒高會乘其醉襲之克矣譚許諾糾鄉勇百餘

雜持鋤盾公操戈而先衆從之直斫賊營賊大驚手不及格皆逃公殺數十人扶祖父母父母出其他子女得脱者泣謝環拜求見主帥就視乃書生儒冠美而文者也時公年二十一年矣甲申

世祖章皇帝登極天下大定公歸里讀書辛卯舉於鄉乙未成進士入翰林督學京畿再遷吏部侍郎左都御史禮部尚書旣貴爲譚爾恒納粟得官同知所以報也立朝專持大體御史某奏流人宜徙烏喇公不可

聖祖駁問公奏稱烏喇死地流非死罪果罪不止流當死死不必烏喇罪不當死故流流不可烏喇舉朝無以難事竟

寢後

聖祖巡烏喇嘆曰此非人所居王澤宏其引朕於仁乎先是江西徵漕每米石輸水岸費若干相沿爲正供會江督奏入九卿議者多是兩端公力言洪都地瘠民貧除之便

天子以爲然歲省浮額十餘萬江西關稅舊設湖口湖口灘石森立商舟待驗往往漂沒公奏移九江嗣泊者晏然無他虞往來商爲建生祠癸未以老辭位歸居金陵之大功坊角巾散服徜徉山水若忘其爲國老者然

鑾輿南巡公三逢盛典每見則賜坐賜葠藥勞問優渥鄉里以爲榮年八十三薨子六人長材升次材任己未進士官

副都御史次材成官江西南康令次材獻材信材振材振卽廷泰父也先娶陳氏繼 氏俱封夫人

銘曰天開虞廷先生鳳鳥來舞來儀爲國初老公之誕生神骨珊然禮儀三百幼頗學焉帝曰嘉汝汝作秩宗勗帥以敬克相朕躬瓢齍粢鬻罔或不供吉凶軍嘉必度於本末而後立衷公拜稽首含舒憲章斟酌六典損益百王執大琰圭而佐蒸嘗亦咸有一德以格於穹蒼侃侃霜肅澄澄水止無赫赫之功不沾沾自喜老而安焉三山二水廷泰甚文黃中通理補徵元石承光蒿里祖德訪孫碑文助史公侯之裔必復其始 小倉山房文集

蘄水縣

宋

龐安常墓誌銘　譙郡張耒撰

吾嘗謂醫之在天下其資民生之用蓋與穀帛等竊怪世之工其道者何少也自三代以來至今以醫名世者多矣其爲論說方術大備矣又嘗怪夫世之醫者皆怨而不學大抵從里閭俗師其治病苟不殺人衆已指爲良醫矣使孝子慈孫不能無恨於疾苦之際者以此也可不悲哉予少多病世之醫往往與之遊率按前人成說而用之未有心得而能原其所以說者也蓋醫之爲道推本天地陰陽

經紀寒暑日星考驗國土山川而人身外則骨節脈絡輪穴內則臟腑焦鬲井谷其出入會通之變甚多且微夫非致至精之察不惑之知不足以盡之而世醫不以術易衣食者鮮矣何暇及此哉宜工之者寡而古學之廢也意必有聰明微妙之才子憫茲學之不振悼生人之疾癘獨治其道脩其術而莫或知之者焉紹聖丁丑予得罪謫官齊安而得蘄水龐君焉其於醫殆所謂聰明微妙者也君諱安時字安常蘄州蘄水人其在孥時頗有異乃兒時讀書雋穎絕人一經目輒終身不忘鄉黨奇之其父諱之慶號高醫年老且病君問醫於父父授以脈訣君曰是不足爲

也獨取黃帝扁鵲之脈書治之未久已能通其說時出新意辯詰不可屈父大驚君時未冠也已而病聾君曰天使我隱於醫歟乃益讀靈樞太素甲乙諸秘書凡經傳百家之涉其道者靡不貫通時時爲人治病有奇功率十愈八九而君性愷悌明豁好施而廉於是有輿疾自千里踵門求治者君爲闢第舍居之親視饘粥藥物既愈而後遣之如是常數十百人不絕也其不可爲者必實告之亦不復爲治活人無數病家持金帛來謝不盡取也戊寅之春予見君於蘄水山中深衣幅巾延客坐堂上視其貌偉然聽其議博而不繁妙而易曉告予曰世所謂醫書予皆見之

惟扁鵲之言深深矣蓋所謂難經者也扁鵲寓術於其書而言之不詳意者使後人自求之歟予之術蓋出於此以之視淺深決死生若合符節且察脈之要莫急於人迎寸口是二脈陰陽相應如兩引繩陰陽均則繩之大小等凡平人之脈人迎大於春夏寸口大於秋冬何謂人迎喉旁取之內經所謂別於陽者也越人不盡取諸穴之脈但取手太陰之行度魚際後一寸九分以配陰陽之數而得關格之脈然不先求喉手引繩之義則脈尺寸陰陽關格之所起寸四倍於尺則上魚際而爲溢故言溢者寸倍尺極矣溢之脈一名外關一名內格一名陰乘之脈曰外關者自

關以上外脈也陰拒陽而出故曰外格陰生於寸動於尺
今自關以上溢於魚際而關以後伏行是爲陰壯乘陽而
陽竭陽竭則死脈有是者死矣此所謂寸口四倍於人迎
爲關陰之脈者也關以後脈當取一寸而沈過者謂尺中
倍於寸口至三倍則八寸而爲覆故言覆者尺倍寸極矣
覆之脈一名曰內關一名曰外格一名曰陽乘之脈曰內
關者自關以下內脈也外格者陽拒陰而內入也陽生於
尺動於寸今自關以下覆入赤澤而關以前脈伏行則爲
陽亢乘陰而陰竭陰竭亦死脈有是者死矣此所謂人迎
四倍於寸口爲格陽之脈者也經曰人迎與寸口皆盛過

四倍則爲關格關格之脈羸不能極天地之精氣而死所謂關格者覆溢是也雖然獨覆獨溢則補瀉以生之尺部一盛瀉足少陽補足厥陰二盛瀉足太陰補足少陰三盛瀉足陽明補足太陰皆一瀉而一補之四盛則三陽極導之以鍼當盡取少陽太陰陽明之穴脈靜者取三陽於足脈數者取於手瀉陽二當補於陰一至寸而反之脈有九候者寓浮中沉于寸關尺也且越人不取十二經諸穴直以二經配合于手太陰行度自尺至寸一寸九分之位復分三部部中有浮中沉以配天地人也又曰中風木傷寒金濕水熱火溫病起於濕濕則土病土病而諸臟受害其

本年于金木水火四臟之變也陽浮陰濡為風溫陽數陰實為溫毒陽濡陰急為濕溫陰陽俱盛為溫瘧其治之也風溫取足厥陰木手少陰火濕毒專取少陽火傷寒取足太陰金手少陰火溫濕取足少陰水鄉人皆謂我能與傷寒語我察傷寒與四溫之變辨其疑似而不可亂也故定陰陽於喉手配覆溢於尺寸寓九候於浮溢分四溫於傷寒此皆扁鵲略開其端而予參以內經諸書考究而得其說審而用之順而治之病不得逃焉君為予言者尚多獨著其大者又曰予欲以其術告後世故著難經解數萬言觀草木之性與五臟之宜秩其職位官其寒熱斑其奇偶

以療百疾著土對集一卷古今異宜方術脫遺備傷寒之變補仲景傷寒論藥有後出古所未知今不能辨嘗試有功不可遺也作本草補遺一卷吁其備矣予問以華佗之事君曰術若是非人所能爲也其史之妄乎某嘗病風痺數年餘若未盡瘳君切脈曰臟病傳所勝君之疾肝傳於脾脾氣欲轉運而肝制之也去木邪行土氣而後愈因授余以方少焉疾有間又曰一方不可瘳當增損之以應疾時時致方與藥之難得者察君予盡心焉見君之歲是冬而君痼疾作明年春而劇門人請自視脈君笑曰予察之審矣且出入息亦脈也予胃氣已絕死矣因盡屏藥餌忽

焉韻語數句授其壻魏淵蓋超然達者語也後數日與客
坐語而卒年五十八時二月初六也君性喜讀書聞人有
異書購之若飢渴書工日夜傳錄不寒暑疾病未嘗置卷
其藏書至萬餘卷然皆以考醫方之事晚好佛學蓋有得
焉以是年閏九月二十七日葬於蘄水龍門鄉圖佛村君
曾祖諱愷祖諱震及父皆不仕娶陳氏生二男子曰瓘曰
琪皆篤孝修飾二孫曰仲容叔達三女已嫁魏淵郭迪陳
翔其壻也各舉進士君臨終以書遺予若託以銘其墓者
嗟夫予名微位卑又方得罪於時何足以爲君重然君嘗
有德於予且其孫必以見屬不得辭也既銘其藏又著所

嘗治而愈人所傳道者更刻於碑陰且以爲法銘曰
生民之病堯舜是醫惟周與孔世之良師藎癘於身扁鵲
善治惟民與身同一矩規猗歟龐君有見於兹獨顯以方
用不大施孰疾於衷孰毒於肢有來求予徑取無遺飲酒
著書終身遨嬉欲知其仁弔者垂涕即化而安不爽厥知
有考其書銘以昭之柯山集

蘄州

宋

尚書司封員外郎張彦博墓誌銘臨川王安石撰

君姓張氏諱彦博字文叔其先家齊州之禹城曾祖諱玘

贈太子洗馬祖諱制又徙其家於蔡州贈尚書吏部侍郎父諱保雍仕至尚書刑部郎中兩淛轉運使君以蔭爲太廟齋郎調武昌縣尉能禁抑淫祠使盡去境內再調撫州司法嘗攝令臨川始取强悍者一人痛治以威而皆喜且畏郤使者不急之需而役者不敢怒徙亳州酇縣令用薦者監蘄州石橋茶場鎖廳應進士舉中其科尋丁母憂服除調興化軍興化縣令僧有連結爲姦黨者久至三十餘年君悉捕以寘於法而廢其寺古田縣有劇賊即遁去復調黃州黃陂縣令稍築堤防以利農告使者更鹽利之法自是役賴以均改袁州軍事判官以治平四年十月六日

卒於官享年四十九君少力學問尤知史書不憚折節以交賢士大夫而喜趨人之急教兄之孤子至於登第撫三女悉得所歸而其仕也所爲又能不苟故前後多薦者初娶劉氏又娶方氏子二人曰仲偉曰次賢君昔去石橋遂留居於蘄故其葬也從劉氏於蘄之安仁鄉芙蓉山蓋熙寧二年十月六日也君于文章尤喜作歌詩有集四十卷藏於家銘曰

恭惠斂明交悅以稱不遂其成恢曠坦易或投以累終以困躓惟人載德宜福多錫得壽亦嗇曷告其悲銘續風詩萬世之貽（王臨川集）

朝奉大夫虞部員外郎知郴州吳瑛墓誌銘　譙郡張耒撰

公吳氏諱某字德仁龍圖閣學士贈太尉諱遵路之子也太尉爲時名臣公少以父任補太廟齋郎年四十六以虞部員外郎知郴州罷官歸京師卽上書請致仕方是時上自執政大臣下至搢紳士大夫凡知公者相與出力挽留之不聽蓋始聞而驚已而皆嘆服以爲不可及相率賦詩飲餞於都門公既謝仕歸蘄春有薄田僅給伏臘公臨溪築室種花釀酒家事付子弟一不問賓客有至者不問賢愚貴賤與之飲酒必盡醉臥花間客去亦不問也客有臧否人物公不酬一語促左右行酒客不得卒語人皆愛其

樂易而敬其高凡見公者皆欣然忘其鄙吝焉嘗有貴客過公而飲公酒酣而歌以樂器扣其頭爲節客亦不以爲忤其放誕乃如是平生視財物如糞土未嘗與人較多寡太尉薨時其妹壻輒以家錢數百千貸人其人不能償公哀之曰是人有母聞之將重其憂乃召其人諭之焚其券嘗有客爲公治田事二十年謝去見公欲計之公取前後文書示之乃未嘗發封盜夜入其家公覺之不問且取其被公顧謂盜曰室中惟所欲大寒幸舍吾被凡見公外者徒知其眞率曠達至究觀古今治亂成敗人物之賢愚臧否其中了然甚察也其積官自太廟齋郎至朝奉大夫勳

至護軍賜至三品服歷官自監西京竹木務簽書淮南判
官廳公事監眞州權貨物通判池州黃州乃知郴州其治
官主於忠信仁厚故所在有稱哲宗朝有薦公者詔落致
仕赴闕而公堅臥不起卒年八十四崇寧三年四月十一
日也初公感疾即閉閣謝藥物至屬纊不亂或言公少遇
異人服其藥故壽而康寧亦其潛德美行不究其位故享
其報如此公娶張氏繼李氏封德清縣君三男子曰禧晉
卒曰升曰奕皆舉進士四女徐暨張之儀徐閎胥彥博其
壻也是歲七月某日葬公蘄春縣永福鄉新安里芙蓉山
以李夫人祔焉曾祖諱文大理司直祖諱叙尚書職方員

外郎祕書閣校理贈尚書右丞升甫匄乞銘於譙郡張某某熟公之名迹且愛慕之無窮則銘之也實宜銘曰吳公出延陵以國爲氏而始居京師者自司直君老於蘄今其子孫遂家蘄春嗚呼德仁夢幻斯世蘧廬其身寓百年于一醉兮不以萬物易吾之眞人何足以知之抱所有以滅泯殆古所謂得道逍遙御風騎氣之人歟柯山集

吳天常墓誌銘譙郡張耒撰

公諱天常字希全河南府洛陽人惟吳氏之先與周同姓至越入吳子孫散居四方以國爲氏公自祖考始占籍河南之洛陽公少貧不治生產以氣節自許力學問河南大

府號多士而公自少已知名里中而舅建寧軍節度使度
王正倫深器之以正倫死事恩爲郊社齋郎調濮陽縣主
簿又調舒州司法參軍郡大猾章氏數犯法繫獄其勢能
得於有司公論正其罪流之一郡畏伏遷泗州盱眙縣令
守管病人死公當覆驗而前驗官言死者不病公將直之
守以利啗公欲得如前驗公謝守曰我受公恩固善如死
者恨何卒直之守爲得罪知洪州奉新縣奉新號難治訟
者或先以釘貫其足以脅有司公晝巨釘于市令之曰釘
必如此則受訟乃稍變俗知彭州永昌縣轉運使范公純
仁深知公是時方變差科爲免役錢公原究蜀役法利害

講之至精後以書見王荆公荆公召公議於司農寺時欲舉江西役法行於蜀公曰蜀不足於地江西不足於民利害異宜恐不可行主者是公議久之公所陳浸忤遂罷歸審官調院簽書鎮南軍節度判官丁母憂服除以便親調蘄州蘄口鎮都大監轄俄丁父憂服除通判無爲軍公諷軍守興庠序勉士以學部有礬池官專利民多冒禁公爲立法公私便之而犯者鮮改通判鼎州以朝命按知誠州周世隆師司部使者皆欲致世隆於罪公言世隆習蠻事且未嘗有罪論執甚堅卒免世隆人以爲難辰州有軍事以公攝守公之官見屬縣吏部夫千餘挽木山間公曰方

春役民妨農耕悉罷之公至郡蠻酋繫獄者公諭以朝廷德意盡遣之皆感泣而去公因言自誠州抵融州道新通請每三十里建一佛寺擇僧知蠻情者居之諸蠻信佛平時可使入蠻與之習熟有警可用以間諜而佛舍可因以儲糧其利邊甚大朝廷許之後爲諫官言不當廢誠州爲軍公言頃蠻所以數叛者蓋雖輸款而未嘗去巢穴一失撫循則亂稍內徙則定矣雖不致州尚可安事廢州乎是時方議役法有訪公者公陳三事謂州縣之役莫重於衙前今雖易雇爲差衙前數之多寡與役之優重請守熙寧元豐之舊毋輙改又言鄉差於官類不知書計勢必雇人

代者必要厚價請官爲立直又言縣所積免役錢請皆納州或輸旁郡戸部皆奏行之用薦者除知宿州時荆門新復軍擇守乃以公爲知軍宰相召公諭以擇才之意軍久廢百事圮毁公至爲興起弊敗必使完好可持久不爲苟且計人至今頌之俄知沅州其去荆門人爲立祠歲時父老率子弟拜之公既習知蠻情其治沅務安靜嚴守備撫溪獠久之奏請出巡邊防軍行有告帳下謀變者公獨保其不然罪告者卒如公言又檄諸縣寨使察游民與蠻交易爲嚮導者捕之俄復知辰州公去沅如去荆門而辰之吏民與蠻酋皆相賀曰我公復來矣蠻相約無犯邊郡爲

無警辰民春夏多疫公飭醫工親視藥物人賴以全甚衆乃立學校勸以讀書人皆服從風俗爲變朝廷既知公有功南邊將用之矣以病求告卜居蘄州金沙溪上家藏書萬卷有以自樂泰然也公喜讀書於書無所不觀自少至老未嘗一日廢卷至其間居好之尤篤有詩集三卷奏議三卷紹聖四年八月六日以疾卒預治終事至屬纊精爽不亂享年六十有一公曾祖諱延慶祖諱澤皆不仕考諱英以公登朝恩授大理評事累贈朝議大夫三男子長忱太廟齋郎仲惇未官季悟假承務郎皆以進士知名三女長嫁萬載縣令黃公孺次嫁進士胡世南季嫁寧州錄事

叅軍譚康世公自濮陽縣主簿積官至朝奉大夫積勳至柱國公爲人厚重寬博於爲吏官無大小所臨必有績當其有所建立必得所欲而後已或以利害怵之不顧也其仕宦多往來南邊故深知溪洞諸蠻所以治亂有所措置後不能易然攷其大體本於安静寛簡不爲苛擾而頹立隄防明條教期無亂而已不徼有功也君子韙之公少嘗從丁寳臣學寳臣異其才薦於歐陽文忠文忠稱焉既仕則不苟取知於人而一時賢公卿咸知之獨吳正憲知之尤深而公自重不輕就人故雖知之不絶然力而公才見於世者如此而已也其孤將以元符元年八月二十有一

日葬公於蘄春縣安平鄉黎企里啓先夫人之兆而合焉夫人程氏有賢行封文安縣君前公二年卒云銘曰其直非以爲訐其和非以爲悅也獨盡力於爲吏無劇易必達也其至民以爲賜其去民以爲奪也既或知之矣乃摈而不發也進嘗而退果而後知公之節也安平之圻公藏惟列尚語後人洛陽之吴也柯山集

沈寶坤覆校
沈怡鎔初校

黃州府志拾遺卷六

黃岡沈致堅卓梧纂輯

雜志

祥異

宋

乾德四年黃州進紫芝之作紫芝之曲玉海

又進白兔六年獲白雀仝上

乾德四年閏八月黃岡縣民叚贇屋柱生紫芝一本二莖知州鄧守忠以獻仝上

太平興國七年六月知黃州裴仁鳳獻芝草仝上

淳化元年八月黃州刺史魏丕獻芝草（仝上）

祥符元年八月黃州獻異竹一本雙莖（宋史五行志）

紹熙四年五月淮西大水（光宗本紀）

至道二年黃州獻麥兩歧圖（玉海）

元

至元二年黃州蝗（綱目）

蘄州

宋

政和中蘄州產芝之徧境計黃芝一萬一千六百本內一本紫色九幹尤奇（宋史）

仙釋

明

麻城縣

懶拙道人不知何許人雙髻赤脚游楚黄之麻城性懶無營心絕機事人或謂之懶拙因亦自稱爲懶拙云開衵腹示人按之堅如石臍大如杯繞臍生豎毛皆左旋人以爲類鍾離雲房云漱沐盥自用其便溺亦香潔無穢氣所服衣履經歲月絕無垢污（六硯齋筆記）

沈怡制覆校

沈怡經初校

寺觀

黄岡縣

東坡寺 宋鑰樓贈僧文可往黄州建東坡寺詩一坡久矣郡城東居士來游地望崇問舍求田煩作記拈槌竪拂看談空共分龐老沈江寶要奉儋州秃鬢翁去作開山第一代燈燈相續到無窮○江攻媿集

天慶觀 宋蘇軾次韻樂著作天慶觀醮濁世紛紛肯下臨夢尋飛步五雲深無因上到通明殿只許微聞玉佩音○東坡詩集

趙龍圖忠顯廟 在城東懷化門外建炎三年金虜犯黄州公自武昌夜歸守禦城陷不屈見殺隆興初張浚請於朝即其地立廟賜額忠顯

蘄水縣

靈巖寺 在巴河 宋張耒自黄州至巴河遊靈巖寺觀孫仲謀刑馬壇相傳權於此刑馬祀江神遂提師伐壽春

云喬木隔塵埃華堂敞深僻人靜好鳥鳴睡餘疎雨滴悲愁感蕭瑟弔古坡荒寂尙溯紫髯翁誓師沉馬壁（柯山集）

馬祈寺 在巴河 宋張耒離樊口宿巴河遊馬祈寺詩扁舟下樊溪江南正清瀉曉登巴河岸極目望春野步尋修竹寺古木爭偃亞云昔孫仲謀刑牲致師禡雄圖邈已矣英槩足悲咤石梯造雲霧丹白開廣厦山僧安寂寞畏冷不出舍勞生遇閒境頓使我心寫晚江平若席風勢欲相借（上仝）

延福禪院 在蘄水縣西一里月項山舊名神光院有尼淡姑眞身

蘄州

德章寺 宋林敏功德章寺詩我行蘄州城東望黃梅山謂言一驛地何時可躋攀今日復何日籃輿到山間林間

章德寺岫峴青雲關（輿地紀勝）

廣福資聖院 在州北二十里芙蓉山

二聖院 在州東北九十里係金張二禪師道場

三峰院在州東北一百二十里

龍門禪院在州北七十里三角山有二龍潭因禱雨輒應賜額

廣教禪院在城北四里白雲山山頂自旦及暮嘗有白雲繚繞隋建塔寺於上後開汴河得入定僧二員遣使至蘄州後召二僧入古井隱沒唐名北禪二聖院宋更此名有曉禪師眞身

金鷄院在州北六十里嘗有金鷄出於石間因以爲寺有二禪師眞身舊傳以爲父子二人

黃梅縣

安國院在黃梅縣東北一十五里德章山有廣巖二大師及清道者眞身

成相院在黃梅東三十里有銓大師及周梁二祖師眞身

普惠院在黃梅西南六十里義臺山先是二女子修道見洪簡禪師至捨之而去一女子飛昇一女子入仙洞

九井寺在黃梅縣西十六里寺記云開成中有宗義師鑿井九所陰竇相通汲一井而餘井演漾後更名靜林寺

衆造寺在黄梅縣東一里有戴叔倫撰曹王皋出師記碑

青著院在黄梅縣北十里有普惠大師眞身

黄牙院在黄梅東南四十里慶歷中孫直方記黄牙先生曾結廬於此○以上俱見輿地紀勝

羅田縣

崇果院在羅田縣東北五十里斗方山佛印禪師曾住持有詩題詠有無著法燈二眞身○輿地紀勝

冢墓

黄岡縣

宋

處士潘萃墓在方步原黄庭堅撰墓誌銘見金石

奉議郎潘鯁墓在黄岡未詳何地張耒撰墓誌銘見金石

朝請大夫鄭惇忠墓 在永安鄉陸佃撰墓表見金石

蘄水縣

龐安常墓 在龍門鄉圖佛村張耒撰墓誌銘見金石

蘄州

朝俸大夫吳天常墓 在安平鄉黎企里張耒撰墓誌銘見金石

虞部員外郎知郴州吳瑛墓 在永福鄉新安里芙蓉山張耒撰墓誌銘見金石

尙書司封員外郎張彥博墓 在安仁鄉芙蓉山王安石撰墓誌銘見金石

明

黃岡縣

萬全左衞指揮僉事沈權墓 在庶安鄉長嶺岡北里許將軍咀諭葬

沈怡揆覆校
沈怡經初校

雜志

摭聞

黄岡縣

王元之謫齊安郡民物荒凉殊無况味營妓有不佳者公作詩曰憶昔西都看壯丹稍無顔色便心闌而今寂寞山城裏鼓子花開也喜歡然唐抒情集記朝士在外地觀野花追思京師舊遊詩云曾過街西看牡丹牡丹未謝即心闌如今變作村田眼鼓子花開也喜歡蓋王刋定此詩耳能改齋漫錄

黄州俗清明淘井東坡夢參寥誦所作新詩曰寒食清明都

過了石泉榆火一時新坡曰火固新矣泉何故新答曰俗以清明淘井志林

東坡性喜嗜猪在黃岡時嘗戲作食猪肉詩黃州好猪肉價賤等糞土富者不肯喫貧者不解煮慢著火少著水水火足時他自美每日起來打一碗飽食自家君莫管此是東坡以文滑稽耳後讀雲仙散錄載黃昇日食鹿肉二斤自晨煮至日影下西門則曰火候足乃知此老雖煮肉亦有故事他可知矣竹坡詩話

徐黃州之子叔廣嘗出東坡先生醉墨一軸乃是張無盡過黃州而黃州有四侍人適張夫人攜其一往壻家爲浴兒

之會無盡因戲語云厥有美妾良由令妻公即續之爲小賦云道得徵章鄭趙姓稱孫姜閻齊潞兒於玉潤之家一夔足矣侍坐於冰淸之仄三英粲兮旣暮而張夫人復還其一還乃閻姓也最爲徐所寵公復書絕句云玉筍纖纖揭繡簾一心偷看綠羅尖使君三尺毬頭帽須信從來只有髯 春渚紀聞

後赤壁賦舉網得魚巨口細鱗狀如松江之鱸多不知爲何等魚考之乃鱖也廣韻注鱖巨口細鱗 猗覺寮雜記

葑草尚能攔浪藕絲不解留連此一聯東坡在黃時戲書也又云湖上秋風聚螢苑門前春浪散花洲王文甫所居在

黄之車湖即武子故居宅枕大江即散花洲也東坡屢過其家戲書此能改齋漫錄

蘇東坡謫黄州鄰家一女子甚賢每夕只在窗下聽東坡讀書後其家欲議親女子云須得讀書如東坡者乃可竟無所諧而死故東坡作卜算子以記之甕牖閒評

蘇東坡言龐安常善醫而聵凡與人談必寫字而後能曉東坡嘗戲之曰子以眼爲耳吾以手爲口吾與子皆異人也東坡一時以此戲安常則善矣然不覺自狀爲啞者讀此可發一笑仝上

蘇公謫居黄州時爲奉議郎潘公詩一卷備正書行草數體

予再官於黃首尾且三年嘗假此書於奉議之子大臨以爲書法庚辰孟秋蒙恩守魯將之官書出所假潘氏諸書歸之獨此一卷命男秬納之篋中予與邠老皆蘇學士徒也舍潘歸張奚擇焉邠老懼後東坡復徵此書疑于收視之不謹也使書此以爲據柯山集

東坡先生謫居黃州作卜算子云缺月掛疏桐夢斷人初靜時見山人獨往來縹緲孤鴻影驚起却回頭有恨無人省揀盡寒枝不肯棲寂寞沙洲冷其屬意蓋爲王氏女子也讀者不能解張右史文潛繼貶黃州訪潘邠老嘗得其詳題詩以誌之空江明月魚龍眠月中孤鴻影翩翩有人清

吟立江邊葛巾藜丈眼窺天夜冷月墮幽蟲泣鴻影翹沙衣露溼仙人釆詩作步虛玉皇飲之碧琳腴能改齋漫錄

別酒送君君一醉清潤潘郎更是何郎壻記取釵頭新利市莫將分付東鄰子回首長安佳麗地三十年前我是風流帥爲向青樓尋舊事花枝缺處餘名字右蝶戀花詞東坡在黃州時送潘邠老赴省試作也今集不載能改齋漫錄

張耒粥記贈邠老云張安定每晨起食粥一大椀空腹胃虛穀氣便作所補不細又極柔膩與腸腑相得最爲飲食之良妙齊和尚說山中僧每將旦一粥甚係利害如或不食則終日覺臟腑燥渴蓋能胃氣生津液也今勸人每日食

粥以爲養生之要必大笑大抵養性命求安樂亦無深遠難知之事正在寢食之間耳柯山集

賀方回狀貌奇醜色青黑而有英氣俗謂之賀鬼頭喜校書朱黃未嘗去手詩文皆高不獨攻長短句也潘邠老贈方回詩云詩束牛腰藏舊藁書訛馬尾辨新讐老學菴筆記

邠老送山谷貶宜州詩可是中州著不得江南已遠更宜州山谷極稱賞之能改齋漫錄

張右史文潛竹詩臯臯牆陰竹數竿秋風盡日舞青鸞平生愛爾緣瀟灑莫作封君渭上看潘邠老問張曰渭川千畝竹皆與千戶侯等非斥此耶張曰非也陸龜蒙詩云叢竹

當封瀟灑侯 能改齋漫錄

晉方士戴洋語庾亮曰武昌土地有山無林政可圖始不可居終山作八字數不及九昔吳用壬寅來上創立宮城至於己酉還下秣陵某見陶公亦涉八年土地盛衰有數人心去就有期不可移也潘邠老江口詩云八字山頭雁武昌江上魚 能改齋漫錄

謝逸詩并序云潘邠老有滿城風雨近重陽之句今去重陽四日而風雨大作遂用邠老之句廣爲三絕滿城風雨近重陽無奈黃花惱意香雪浪翻天迷赤壁令人西望憶潘郎滿城風雨近重陽不見修文地下郎想得武昌門外柳

垂垂老葉半青黄滿城風雨近重陽安得斯人共一觴欲問小馮今健否雲中孤雁不成行合璧事類

龐籍爲黄州司理夏竦時知黄州龐常游洪水山有詩云登臨不覺致身危夏頗異之後龐爲相而夏爲使相龐適當軸曰今日向司理筆下作使矣東原錄

安詠字信可宣和初守齊安下車訪東坡雪堂遺址雖存木瓦已爲兵馬都監折而爲教場亭子矣信可即呼都監責之且命復新之曲洧舊聞

王元之在黄日作竹樓與無愠齋記信可始至訪其齋則已爲馬廐矣求其記文則庖人取其石壓羊肉信可皆復其

舊而以其記龕之於壁同上

黃州棲霞樓規製甚工問其人則曰故相秦申王生於臨皋舟中黃人作慶瑞堂於其處近年撤而作棲霞云吳船錄

紹興壬戌朝廷既罷三大將息兵議和曾郎中惇時守黃州獻書事十絕句於秦益公秦繳進於上上喜與陞擢差遣任滿除台州詩云黃泥坂下雪猶深赤壁磯頭江欲平驛吏西來聞好語蕃人已出蔡州城和戎詔下破羣疑無復庬頭慧紫微屈己銷兵宜有報先看長樂版輿歸吾君見事若通神兵柄收還號令新裴度只今眞聖相勒碑十丈可無人淮上州州盡滅烽今年方喜得和戎問誰整頓乾

坤了學語兒童道相公連營貔虎氣如雲聽詔人人願立勳沔鄂蘄黄一千里更無人說岳家軍田父今年作社頻邊頭聞見一番新官軍不斫人家樹各自持錢去買薪江頭柳木已參天柳色花光日日妍驚怪田家頻得計今年斗米不論錢村村準擬十分禾老稚扶携笑且歌租稅況今黄紙放陽城元自拙催科淮畔風塵自此清斯人還喜見昇平田家盡說今年好要雨雨來晴便晴百丈嵩峩貫客般張帆打鼓下長川路人指點幾垂淚江道無來十六年能改齋漫錄

政和初蔡京禁蘇氏學蘄春一士子獨杜門注東坡詩不與

人往來錢伸仲爲黄岡尉因考校上舍往來其鄉三進謁然後得見首請借閲其書士子指案間巨編數十使隨意抽讀適得和楊公濟梅花十絶月地雲階一首注云玉奴齊東昏侯潘妃小字臨春結綺陳後主三閣之名也伸仲曰所引止此耶曰然伸仲曰唐牛僧孺所作周秦行紀紀入薄太后廟見古后妃輩所謂月地雲階見洞仙東昏以玉奴故身死國除不擬負他乃是此篇所用先生何爲没而不書士人恍然失色不復一語顧其子悉焚之伸仲勸使姑留之竟不可曰吾枉用工夫十年非君幾貽士林笑伸仲每談其事以戒後生洪容齋續筆

賀充五代石晉時人死□復生至宋眞宗東封泰山出謁帝帝不之省東坡謫黃州亦來訪坡亦不之奇也　升庵集

彌老嘗寄德操均父詩云文如二穉徒懷璧武似三明枉韔弓松檜參天西邑路時時騎馬訪龐公文如二穉謂德操武似三明謂均父也德操爲僧名如璧殆詩之讖也　紫微詩話

饒德操初見潘彌老和山谷中興碑詩讀至天下寧知再有唐皇帝紫袍迎上皇歎曰潘十後來做詩直至此地位耶　仝上

何斯舉頡嘗和予詩云秋水因君活河伯接籬持酒對山谷斯舉卽無己詩所謂黃塵投老□何郎準擬明年共我長

者也然斯舉與予初不相識同上

潘邠老哭東坡絕句十二首其最盛傳者元祐絲綸兩漢前典刑意得寵光宣裕陵聖德如天大誰道微臣敢議天公與文忠總遇讒讒人有口直須緘聲名百世誰常在公與文忠北斗南仝上

齊安聚寶山多怪石明世中王夢澤廷陳之姪得紅石如錢上有萬歷通寶四白字余判黃時得十六枚筠廊偶筆

蘄水縣

蘭溪在唐爲兩縣名一屬蘄州浠水改爲蘭溪一屬婺州杜牧之詩蘭溪春盡水泱泱蓋蘄州之蘭溪也杜守黃州作此詩黃

承蘭溪下流故耳 能改齋漫錄

元符庚辰某同男秬率潘仲達同遊匡山六月望日齊安罷官步登客舟過樊口李文叔棹一舸相送遂下巴河上靈巖寺寺有何與很石記云昔孫仲謀伐壽春於此祀天祭江刑白馬故山名馬祈寺有法堂頗華敞因與潘李飲酒賦詩其中明日至蘄陽登梁昭明太子廟遂宿具禱順濟乃發候風林皇港見江中黑物類獺又有尾鬣相逐馳久之激水高數尺風定而去過道士磯石壁色正青揷水中又十里所過五兩磯遂泊富池禱甘公祠晨發富池望匡山諸峯半皆在雲中晡時至潯陽捨舟登陸晚宿太平觀

冷翠亭十八日也十九日過鄒志完晚大雨將醮雨霽中夕醮罷復雨觀人異之二十日遊東林觀神運殿禮遠公像見晉安帝輦遊達摩院遂登白公草堂讀歐陽文忠公題石上五杉閣而歸晚浴東林納凉神運之南望香爐天池化城二十一日出山此其大畧其詳屬潘郎潤色 柯山集

麻城縣

劉仲輔爲莊襄公燧太父初婚之夕家尚貧有偷兒入室公驚起視之素所識者曰汝耶即檢夫人首飾數事給之去曰我終不言後夫人白首偕老嘗問其人公曰已許不言矣奈何見問 稗史

羅田縣

政和三年八月倉部員外郎提舉荆湖南茶鹽事范之才奏蘄州羅田縣山溪中有大鼎數年前常見兩耳其穴中可過六七歲小兒民遂塞以土今其耳猶發露欲望就委本處官按驗其實申取朝旨使異物不埋沒於盛時奉聖旨令宋康年躬親前去措置開取無致損動其後康年勘究無實跡尋即除名編管廬州能改齋漫錄

蘄州

溪堂在蘄州治南至和中吳瑛隱居也司馬溫公寄吳比部之子壯年致仕歸蘄春詩云一朝投紱眞高士萬卷藏書

舊世家 名勝志

王立之夏均父俱以宗女夫入仕均父饒財亦好學立之晚年中風以左手作字均父寄詩云猶喜平生蟹螯手尚能半幅寫行書 風月堂詩話

夏倪均父宣和庚子自府曹左遷祁陽酒官過浯溪登浯臺愛其山水奇秀自謂非中州所有不減淵明斜川之遊且作長短句以減字木蘭花歌之云江涵曉日蕩漾波光搖槳入笑指浯溪聱叟雄文鎸翠微休嗟不偶歸到中州何處有獨立風烟湘水浯臺總接天 能改齋漫錄

蘄州人夏均父名倪能詩與呂居仁相善既沒六年當紹興

癸丑二月一日其子見居仁嶺南書均父所爲詩屬居仁序之序言其本末尤詳已而居仁自嶺外寄居臨川乃紹興癸丑之夏因取近世以詩知名者二十五人謂皆本於山谷圖爲江西宗派均父其一也然則居仁作宗派圖時均父沒已六年矣予近覽州所刊百家詩選其序均父詩因及宗派之次第且云夏均父自言以在下列爲恥殊不知均父沒已六年不及見圖斯言之妄蓋可知矣能改齋漫錄

夏均父稱張彥實詩出江西諸人彥實送均父作江守詩云

平時袞袞向諸公投老猶推作郡公未覺朝廷疏汲黯極知州郡要文翁均父每諷誦之紫微詩話

宣和末林子仁敏功寄倪均父詩云嘗憶當年接緒餘饒三落托我迂疏溪橋幾換風前柳僧壁今留醉後書忘記下四句饒三德操也仝上

夏均父倪文詞富贍儕輩少及嘗以天寒霜雪繁游子有所之爲訪作十詩留別饒德操不愧前人作也仝上

夏均父嘗寄王立之詩云書來整整復斜斜蓋謂病中作字如此仝上

黃梅縣

蘄州黃梅山有鳩巢於山巖大木中狀類訓狐聲如繫腰鼓巢下數十步無生草然予以晉制考之鳩不得渡江有重

法石崇爲南中郎將得鵂以與王愷養之大如鶩喙長尺餘純食蛇虺司隸傳祗於愷家得此鳥奏之宣示百官燒於都街晉書不見此事但見孔穎達左氏疏以此考之晉世江北無鵂非無鵂也不若江南多耳蘄州屬江北遯齋閒覽

吳億字大年南渡初人元夕樓雪初消一首入選予愛其南鄉子一首云江上雪初消暖日晴煙弄柳條認得裙腰芳草綠魂消曾折梅花過斷橋◯蟬鬢爲誰凋長恨含嬌那處嬌遙想晚妝呵手罷無聊更傍朱唇暖玉簫詞品

二林詩極少曾端伯作高隱小傳云有詩文百二十卷今所存十無一二兄弟皆隱君子不但以詩重後村詩話

子仁年十六預鄉薦下第歸杜門不出者二十年元符末詔徵不赴與弟敏修居比鄰終老以文字相友善敏修亦終身不舉進士世號二林政和中林雲爲郡守謂吾宗有隱君子出郊見之還朝舉其隱德賜號高隱處士旌表其門子仁謝表云自是難陪英俊之遊何敢忘意高尚之事臥牛衣而待旦寒如之何搔鶴髮以興懷老其將至 尙友錄

均父集中如擬陶韋五言亹亹逼眞律詩用事琢句超出繩墨言近旨遠可以諷味然竦之諸孫故其詩云堂堂文莊公事業何崢嶸孟子曰孝子慈孫百世不能改均父欲改之乎其志亦可悲矣 後村詩話

安德裕河南人太平興國中知廣濟軍城新建德裕作軍記及圖經三卷優詔嘉奬　大清一統志山東曹州府及湖北黃州府均列入名宦傳內孫構字紹先博平進士廣濟判官歲入圭田粟六百石構只受百石餘以畀學宮黃州府志名宦內已列有傳查宋史職官志宋初命朝臣出守列郡號權知軍州事又軍州均置判官縣置令丞尉主簿等職宋史地理志廣濟軍乾德元年置開寶九年改轉運司太平興國二年建爲軍　致堅　按宋之廣濟軍即今之山東曹州府定陶縣地廣濟縣今仍宋名不過宋屬蘄州今屬黃州而已安德裕之知廣濟軍孫構之爲廣濟判官均

非今黃州之廣濟縣亟應删正